口絵 1　住宅に囲まれた龍池弁財天の湧水（2014年9月，島津撮影，2.1節参照）

口絵 2　水遊びをする子どもたち（2.2節の図 2.2.4。2014年5月，原撮影）

口絵 3　湧水利用の一例（2.2節の図 2.2.5。2014年5月，原撮影）

口絵 4　周囲の木々に覆われ始めている利用されなくなったため池（2.3節の図 2.3.6。2013年5月，鈴木重雄撮影）

口絵 5　3.1節の図 3.1.1 地点③における，約 1.5 万年前の大規模爆発的噴火による噴出物の層序（2009年12月，大石雅之撮影）
一連の噴火で，この地点だけでも火砕流堆積物，細粒降下火山灰，降下軽石など，多様な噴出物が堆積した。活動中に噴火様式が変化したことが推定できる。

口絵6 神戸南京町（4.4節の図4.4.11。2014年9月，大石太郎撮影）

口絵7 極彩色で蘇った妻沼聖天山歓喜院聖天堂（5.1節図5.1.1地点⑦．2012年5月，片柳撮影）

口絵8 樫原の棚田と水車（5.2節の図5.2.5。2014年8月，貝沼撮影）

口絵9 観光施設における博多織の実演（5.3節の図5.3.6。2009年11月，伊藤撮影）

口絵10 SLパレオエクスプレスの牽引機C58形363号機（2010年11月，山田撮影，5.4節参照）

口絵11 高山市上三之町での囃員の狭い道路（5.5節の図5.5.3。2011年6月，鈴木厚志撮影）

地理を学ぼう

地理エクスカーション

伊藤徹哉・鈴木重雄
立正大学地理学教室 編

Geographical

Excursion

朝倉書店

編著者

伊藤 徹哉（いとう てつや）	立正大学地球環境科学部地理学科・教授
鈴木 重雄（すずき しげお）	駒澤大学文学部地理学科・准教授

執筆者一覧（五十音順）

阿由葉 司（あゆは つかさ）	立正大学地球環境科学部地理学科・特任教授
大石 太郎（おおいし たろう）	関西学院大学国際学部・准教授
大石 雅之（おおいし まさゆき）	立正大学地球環境科学部地理学科・助教
貝沼 恵美（かいぬま えみ）	立正大学地球環境科学部地理学科・准教授
片柳 勉（かたやなぎ つとむ）	立正大学地球環境科学部地理学科・教授
島津 弘（しまづ ひろし）	立正大学地球環境科学部地理学科・教授
鈴木 厚志（すずき あつし）	立正大学地球環境科学部地理学科・教授
原 美登里（はら みどり）	立正大学地球環境科学部地理学科・准教授
平井 誠（ひらい まこと）	神奈川大学人間科学部人間科学科・教授
松井 秀郎（まつい ひでお）	立正大学地球環境科学部地理学科・教授
松尾 忠直（まつお ただなお）	立正大学地球環境科学部地理学科・助教
森田 匡俊（もりた まさとし）	岐阜聖徳学園大学教育学部・専任講師
山田 淳一（やまだ じゅんいち）	立正大学地球環境科学部地理学科・専任講師

まえがき

　パソコンやスマートフォンなどが普及する中で，我々は多くの情報に瞬時にアクセスできるようになった。「世界」を知る主な手段は，書籍などの出版物，テレビ・ラジオに加えて，インターネットを介した各種メディアと多様化し，興味・関心のある国内外の国や地域の情報に関する検索は格段に容易になった。一方，こうした「世界」は，旅客や物流などによる物質的な移動を要すことのない，身体的感覚や経験を伴わない，いわば仮想空間上の「世界」であり，生身の人間が暮らす現実世界のすべてを再現したものとは言えない。生活を営む現実の世界・地域で深刻化する地域間格差や地域紛争，環境問題といった複雑な要因による地域の諸課題は，一般的な知識に加えて具体的な地域の実態も考慮した対策が必要となる。では，現実の地域をいかに見つめ，どのように地域の諸課題を捉えられるのか？

　本書のねらいは，大学1～2年程度の初学者を主な対象として，「フィールドワークと地図の学問」[*]と評される地理学の立場から，フィールドワークの一形態である「地理エクスカーション」の実例を通して，現実の地域の特徴や諸課題を捉える視点の一例を提示することにある。地理学のフィールドワークでは一般に，特定地域での景観や土地利用の観察，聞き取り，機材による計測などを通じ，その地域の特徴を捉えようとする。本書では，調査・研究の準備段階や，地理教育の一部などとして屋外において実施する地域の特徴・概観を捉えようとする取り組みや活動全般を，地理エクスカーションと名付け，地理学の初学者が，地理エクスカーションの具体例を紙上で擬似的に体験し，地域的な特徴や課題を捉える視点や考え方の基本を理解できるような内容・構成を目指した。

　編者を含めた筆者はすべて，地理学を専門とする大学教員であり，主たる研究領域は自然環境から社会・経済分野まで多彩であるものの，いずれも地域の特徴や諸問題を捉えるための見方・考え方を教育する立場にある。とくに大学1～2年次の初学者に対する教育では，地理学的な基礎知識の深化や能力の拡充は教室内だけで伝え切ることは難しく，地理エクスカーションなどのフィールドワークも用いた学修を実践している。学生とともに屋外に出ると，教室の中だけではみえてこない学生の能力や資質に気付かされ，成長を感じ取ることも多い。学生が主体的に，かつ積極的に授業課題に向き合い，他の参加学生とともに議論を重ねる姿は，教室内のそれとは大きく異なる。

　教育としての地理エクスカーションの実施過程では，現地観察や観測を自ら行うだけでなく，史資料を参加者が主体的に収集し，集団討議などを通じて諸課題を見つけ出すことを経て，最終的な成果報告を作成するというプロセスを踏むことがある。地理エクスカーションは，個別の課題や事例を内包する「地域」を出発点としながら，観察や計測などを通じて自然，社会・

---

[*] 市川健夫 (1985):『フィールドワーク入門――地域調査のすすめ』古今書院.

経済といった具体的な地域の特徴を理解し，地域の個性や課題を発見し，その課題解決方法を考える作業を通じて，専門知識や技能を修得し定着させうる地域立脚型の総合的な学習と捉えられる．こうした観点から，本書では地理エクスカーション全体を大きく事前指導，現地での活動，事後指導という三段階に分けて実施することとして，具体例の説明では各段階における着目点がわかりやすくなるように心がけた．まず，事前指導において教員による動機付けを含むテーマ設定と関連資料の収集方法を概説した．次に，現地での活動としてフィールドにおける参加者による観察や計測，聞き取りのポイント説明を行い，自然，社会・経済などの地域構成要素の特徴やその相互関係を理解させる．さらに，事後指導において，統計などの史資料も活用し，集団での議論や討論を設けることによって個別地域の課題を考察していく．

　上記のような方針の下，まず第1章において，地理エクスカーションの意義，具体的に実施する際の要点，地理教育からみた特徴をそれぞれまとめた．第2章以降，4つの大きなテーマのもとで個別のトピックを設定し，それぞれに適した日帰り（一部は1泊2日）コースの地理エクスカーションを，計14提示した．第2章は，暮らしの中の自然環境を捉える際のポイントを中心としており，都市の地形，水環境，植生それぞれがメイントピックとなるコースを示した．第3章は，自然災害への備えを意識したテーマとなっており，火山の噴火史，観光地の防災それぞれの特徴を捉えるコース設定となっている．第4章は，社会や暮らしを捉える視点がポイントであり，歴史，土地利用変化，人口問題，多文化共生それぞれを理解させるコースとした．第5章は，地域の維持や活力創出に関わるテーマを中心に据え，観光まちづくり，持続可能なまちづくり，都市開発，交通を核とする観光，商業活動それぞれを捉えるコースを例示した．全14コースの実施場所は主に関東地方となっているが，中部，近畿，四国，九州地方も含まれる．読者は，近隣に居住している場合には実際に現地を訪問し，それぞれのコースにおいてエクスカーションを経験するのも良いだろう．また，本書を参考にしながら類似する特徴のある地域において，新たに地理エクスカーションを企画することもできるだろう．

　本書では，具体例が構成の中心となっているため，体系的な説明として一体性を欠き，統一的な説明として不十分な面があるかもしれない．また，本書では地理エクスカーションの地域立脚型学習としての側面を重視したが，この中での事後学修，とくに複数名での議論や相互討論は不可欠な要素であるものの，必ずしも説明が十分ではなかった．多々反省点はあるものの，本書が地域立脚型学習としての地理エクスカーションを企画・実施するきっかけ・ヒントとなり，地域的な特徴や課題を捉える視点や考え方の基本を学ぶ手掛かりを示せたなら，筆者一同，幸甚の至りである．

　地理学を学ぶきっかけ・ヒントにつながるテーマは，地理エクスカーション以外にも数多くある．そうしたテーマを扱った続刊が，今回の執筆陣を中心に構想されていることを最後に申し添えたい．

　2015年4月

伊　藤　徹　哉

目 次

第1章 地理エクスカーションの意義とすすめ方
- **1.1** 地理エクスカーションの意義とは何か　　　　　　　　　　　［伊藤徹哉］　1
- **1.2** 地理エクスカーションのすすめ方　　　　　　　　　　　　　［鈴木重雄］　5
- **1.3** 地理エクスカーションの視点と地理教育　　　　　　　　　　［松井秀郎］　9

第2章 暮らしの中の自然環境を捉える
- **2.1** 都市の地形と自然環境を捉える視点とは何か
　　　　──東京近郊の段丘城下町，川越　　　　　　　　　　　　［島津　弘］　17
- **2.2** 水環境を捉える視点とは何か
　　　　──国分寺市・小金井市の湧水と野川から考える　　　　　　［原　美登里］　23
- **2.3** 植生を捉える視点とは何か──比企丘陵の里山で考える　　　［鈴木重雄］　29

第3章 自然環境の変化やその備えを捉える
- **3.1** 火山の特徴を捉える視点とは何か
　　　　──地形・地質から探る浅間火山の噴火史　　　　　　　　　［大石雅之］　35
- **3.2** 観光地での防災とは何か──愛知県知多郡南知多町千鳥ヶ浜海水浴場　［森田匡俊］　41

第4章 社会や暮らしを捉える
- **4.1** 歴史を捉える──足利における中世文化の展開　　　　　　　［阿由葉司］　47
- **4.2** 台地の開発からみた土地利用変化を捉える
　　　　──所沢での土地利用から探る　　　　　　　　　　　　　　［松尾忠直］　53
- **4.3** 横浜を歩いて地域人口の特徴を考える　　　　　　　　　　　［平井　誠］　59
- **4.4** 多文化共生とは何か──神戸の外国人社会から考える　　　　［大石太郎］　65

第5章 地域の活力を捉える
- **5.1** 観光まちづくりを通じた地域活性化とは何か
　　　　──聖天山のある熊谷市妻沼における取り組み　　　　　　　［片柳　勉］　71
- **5.2** 限界自治体における持続可能なまちづくりとは何か
　　　　──徳島県上勝町の取り組みから考える　　　　　　　　　　［貝沼恵美］　77
- **5.3** 都市の活性化とは何か──福岡の都市開発から考える　　　　［伊藤徹哉］　83

5.4 地域における交通の役割とは何か
　　——秩父鉄道による長瀞の観光開発から考える　　　　　　　　［山田淳一］　89
5.5 内陸都市高山の商業活動を捉える視点とは何か　　　　　　　　　［鈴木厚志］　95

付録1：フィールドワークにおける危機管理マニュアル　　　　　　　　　　　101
付録2：さらなる学修のための参考文献　　　　　　　　　　　　　　　　　　103
あとがき　　　　　　　　　　　　　　　　　　　　　　　　　［鈴木重雄］　105
索　引　　　　　　　　　　　　　　　　　　　　　　　　　　　　　　　　107

囲み記事

均質地域と機能地域	2
高等学校の地理学習における地理エクスカーションの視点	10
袖うだつ	13
武蔵野台地の地形	18
ハンドレベル	24
水質調査の項目（主な水質指標）	25
谷頭侵食	27
植生遷移	31
絶滅危惧種	33
火砕流・岩屑なだれ	38
GIS	46
埼玉県営業便覧	54
CBD（中心業務地区）の捉え方	84
入込観光客	87
地方民鉄	90
買回り品・最寄り品	100
中心商店街	100

本書の活用法

第4章 社会や暮らしを捉える

4.4 多文化共生とは何か
——神戸の外国人社会から考える

ポイント
1. 開港によって形成された居留地や雑居地の特色を考える。
2. 国際的なできごとによる外国人の流入とその影響を考える。
3. 世界のチャイナタウンと比較しながら，神戸南京町の特色を考える。

コース： JR元町駅①→チャータードビル②→日本真珠会館③→神戸市役所→○○駅→（地下鉄）→神戸市営地下鉄・新神戸駅⑤→風見鶏の館⑥→ジャイナ教寺院⑦→トアロード⑧→神戸ムスリムモスク⑨→神戸南京町⑩→JR元町駅（日帰り）

ルートマップ

図 4.4.1 ルートマップ（2万5千分の1地形図「神戸首部」平成17年発行，原寸，一部加筆）

- **タイトル**： 地理エクスカーションの中心トピックを「（テーマ・課題）とは？——（地域名）」などの形で明示した。
- **地理エクスカーションのポイント**： 観察や計測したり，考察したりする地理的事象を2～3項目提示した。
- **コースとルートマップ**： 2万5千分の1地形図などを用いて，出発地点から解散地点までのルートを示した。主な観察ポイントを①，②，③……の数字で示し，本文中で用いた。
- **囲み記事**： 平易な用語や表現を用いるようにし，専門用語や難解語は囲み記事で補足した。

1 事前準備

このエクスカーションのテーマは多文化共生である。法務省在留外国人統計によれば，2014（平成26）年6月末における在留外国人（外交，公用をのぞく）は208.7万人であり，とくに出入国管理および難民認定法が改正さ

本文： 地理エクスカーションを地域立脚型学習（ABL）として捉え，事前指導（事前準備），現地での活動，事後指導（今後の学修課題）という三段階に分けて説明。各段階における着目点が構成（見出し）からも理解できる。

第1章 地理エクスカーションの意義とすすめ方

1.1 地理エクスカーションの意義とは何か

ポイント
1. 地理学におけるフィールドワーク（FW）の位置づけを捉える。
2. FWにおけるフィールドとテーマ設定の特徴を捉える。
3. 地域立脚型学習としての地理エクスカーションを捉える。

1 はじめに

学問としての地理学，また教養としての「地理」に関わる者にとって，屋外でのフィールドワーク（以下，FW）は，学びの楽しさや難しさを実感できる最大の機会だろう。FWという用語自体は，社会学や民俗学など他の専門分野においても屋外での調査・研究活動という意味で広く用いられている。地理学でのFWは，調査・研究活動に加え，その事前の準備段階や，地理教育の主発点として位置づけられる地域の概観を捉える多様な活動も意味する場合がある（図1.1.1）。そうした取り組みや活動の一部は，「巡検」や「エクスカーション（Excursion）」とも呼ばれる。本書では，こうしたFWの一部，また地理的素養を身につける活動として屋外において実施する，地域の特徴・概観を捉えようとする取り組みや活動を，「地理エクスカーション」と名づける。

本節では，地理学におけるFWの位置づけを概説した後，FWでのフィールドやテーマ設定の特徴，さらに地理エクスカーションの意義として重要となる地域立脚型の学習のあり方をまとめたい。

2 地理学におけるFWとフィールド・テーマ設定

地理学のFWでは，地図を片手に特定の地域へ出向き，景観や土地利用を観察し，地域住民から聞き取りを行い，時には器機や機材による計測などを通じ，その場所の特殊（固有）性や他地域との共通（一般）性といった特徴を明らかにしていく。地理学が「フィールドワークと地図の学問」（市川1985）と評される所以であろう。地理学でのFWは，「現

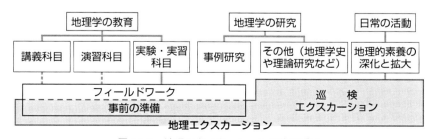

図 1.1.1　地理エクスカーションの位置づけ

地調査」「野外調査（実習）」「地域調査」などとも訳され，地域研究の一部としても理解されている。『地理学辞典』において「フィールドワーク」の項目をみると，野外調査の項目が指示されている（日本地誌研究所編 1989）。大学などの高等教育機関で地理学を学ぶ場合，それが科目名称として用いられることも多い。

ただし，藤原（1997）が指摘しているように，地理学者でも実際のフィールド（場）への関心や取り組みには程度や差違が存在し，研究でのFWのすすめられ方にも違いがみられる。また，地理教育におけるFWには，文献や統計資料の収集，巡検，社会科見学や農業体験なども含まれているとの指摘にもみられるように（山下 2009），FWの意義や目的は多面的に捉えられている。このように地理学分野では研究と教育いずれでも，FWという用語は，野外で行われる地域の特徴を捉える取り組みや活動として，多様な活動内容や意義を有するものとして理解されている。

つぎに，FWが実際に行われるフィールドやテーマ設定のあり方をみておこう。研究の一部であれ，地理教育であれ，FWは特定の地域に着目して具体的なテーマを設定しながらすすめられる。たとえば，「北関東の酪農地域形成——A町を事例に」や「B市の工業地帯の変容過程」など具体的な地方名や地名，市町村名や，一定のテーマが定められながら行われている。前者において，A町は実際に調査・研究するフィールド（場）ではあるものの，北関東に位置する多くの酪農地域に共通する特徴をみるための一つの事例として位置づけられていることが強調されている。後者では，B市は地域そのものが研究対象として捉えられ，その地域にみられる地域的特徴の探求が目指されていると解釈できる。

FWのフィールド（場）は，A町やB市，といった地表面の一部に位置づけられる特定の地域といえる。ただしこうした地域は，任意の無機質な3次元空間ではなく，「ある具体的な空間に自然と人間と人間がつくりあげてきた社会と，それらが経過してきた歴史とが一体化し」（大塚 2010）たものである。このため「地域」は，たとえA町やB市といった行政単位に着目したとしても，その中で見出される自然，社会・経済・文化的事象から構成された「ある種の意味を持った空間」（小林 2012）であり，酪農地域や工業地帯といった固有性や一般性を備えた，特定の広さを有するまとまりのある空間と理解してよいだろう。従来，こうしたまとまりのある空間を捉える手掛かりとして，均質地域と機能地域という考え方が用いられてきた（囲み記事）。見方を変えると，FWでのテーマとは，地表面の一部をまとまりのある地域とするための特定の「意味ある」基準を指しており，FWはそのテーマのもとで行われる「意味ある」空間を総合的に捉えようとする取り組みといえるだろう。したがって，FWやその一形態の地理エクスカーションにおいても，実施地域にまとまりをもたらすテーマの選定が重要な意味を持つ。

●均質地域と機能地域

均質地域とは，水田地域や西岸海洋性気候地域など，一定の類型に属する事象が支配的にみられる地域を指す。一方，機能地域は，複数の類型に属する事象が広くみられる一方，東京大都市圏など，通勤・通学や商品・サービスの流通といった社会的・経済的・文化的側面において中心と周辺が結合し，機能的にまとまりがある地域を指す。

3 地域立脚型学習としての地理エクスカーション

さらに，FW の実施プロセスから地理エクスカーションの位置づけを整理したい。FW では，大きく事前準備（事前学習），現地での観察・計測などの活動，さらに分析作業（事後学習）といった形態をとる。特定の地域における研究活動では，予め現地を巡り，個々の調査テーマだけでなく，自然環境，歴史，文化，社会，経済などの広い視野から特色を捉える作業が行われることが多い。高いところから地域の様子を俯瞰する（山下 2003）景観観察もよく行われるが，これは地域の概要をまず視覚的にも捉えようとする事前準備の一環である。また，地理学の初学者が特定地域において担当教員の説明や指導を受けながら，広い観点から特色を捉える授業も大学では実施されている。これらは FW の基礎を学ぶ地理教育の一部といえる。研究や教育でのこうした取り組みは，地域の特徴や概観を捉えようとする地理エクスカーションの一部として整理できる。

また，地理教育としての地理エクスカーションの実施過程では，現地観察や計測によって現実社会にみられる特徴を理解し，史資料を参加者が主体的に収集した後，集団討議などを通じて諸課題を見つけ出すという過程を経て，最終的な成果報告を作成するという作業が組み入れられることも多い。一般に，集団での議論や，自己学習，活動記録の作成，成果報告などを含む統合的で実践的な学習方法は，問題発見解決型（事例解決型，事業課題解決型）学習（PBL, Problem-Based Learning）やプロジェクト型学習（Project-Based Learning）と呼ばれている。地理エクスカーションは，個別の課題や事例といった広範な課題を内包する「地域」を出発点としており，こうした特徴を有する地理エクスカーションを通じた学習を地域立脚型学習（ABL, Area-Based Learning）と本書では定義した。すなわち，特定の意味ある空間にみられる自然，社会・経済などの地域を構成する要素を観察や計測などにより理解し，地域の個別的な特徴や課題を発見し，その課題解決方法を考えようとする作業を通じて，専門知識や技能を修得し定着させることを目指す総合的な学習である（図 1.1.2）。

これらの学習は，参加者の主体的な活動を前提としながら，大きく事前指導と，現地での活動，事後指導という三段階に分けられる。まず，教員によるテーマ設定と動機付けを行った上で，フィールドにおける参加者による観察や計測，聞き取りなどを行い，自然，社会・経済などの地域構成要素の特徴やその相互関係を理解させる。さらに，事後指導をすすめ，統計などの史資料も活用しつつ，現地での活動に基づいて集団での議論や討論を通じて個別地域の課題を考察していく。最終的には，地域の特徴や課題の個別性や一般性の理解を深めていくこととなる。

本書の各節では，上記の地域立脚型学習としての地理エクスカーションを念頭に置きながら，その具体例を示した。すなわち，(1) 一般的な地理的事象・社会問題の理解を通じたテーマ設定と動機づけ，(2) フィールドでの地域的特徴を捉える際のポイントの例示，(3) 収集した情報の利用法や今後の課題といった具体的記述に努めた。

4 今後の学修課題
——地理エクスカーションの参加・企画・実施

これまで地理学における FW の位置づけ，

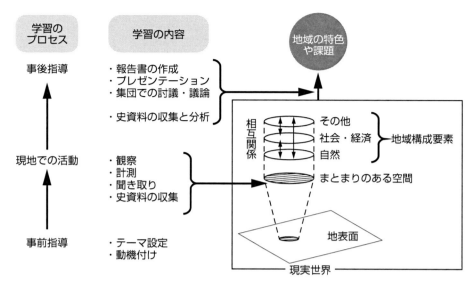

図 1.1.2 地理教育における地域立脚型学習（ABL）としての地理エクスカーション

FWでのフィールドとテーマ設定の特徴，地理エクスカーションの役割をみてきた。まず，地理学では研究・教育いずれでも，FWという用語は，地域の特徴を捉える野外での取り組みや活動として，多様な内容や意義を有しているものの，実際のFWでは，実施地域にまとまりをもたらすテーマの下で，地域を総合的に捉えることが目指されている。地理エクスカーションは，FWの一部，また地理的素養を身につける活動として，地域の特徴・概観を捉えようとする取り組みや活動全般を指す。事前指導・現地での活動・事後指導といった一連の実施過程では，現地での観察や計測，集団での議論を通じて地域の特徴や課題を考察していく点などの特徴がみられる。このように地理エクスカーションは，多様な側面や課題を有する地域を出発点としながら総合的な学習を行う，地域立脚型学習（ABL）と位置づけることができる。

最後に，今後の課題を提示しておこう。最大の課題は，上記の理解を出発点として，一人ひとりが地理エクスカーションに参加し，時には自ら企画し，主体的に実施することになる。参加，企画，実施におけるポイントについては，他の節に詳細を譲りたい。

［伊藤徹哉］

参考文献

市川健夫（1985）：『フィールドワーク入門——地域調査のすすめ』古今書院。

大塚昌利（2010）：地域の見方・とらえ方・楽しみ方。立正大学地理学教室編『学びの旅——地域の見方・とらえ方・楽しみ方』古今書院，6-9。

小林浩二（2012）：『地域研究とは何か——フィールドワークからの発想』古今書院，1-10。

日本地誌研究所編（1989）：『地理学辞典 改訂版』二宮書店。

藤原健藏（1997）：地誌研究とフィールドワーク。藤原健藏編『総観地理学講座2 地域研究法』朝倉書店，1-30。

山下清海（2003）：地域調査法。村山祐司編『シリーズ人文地理学2 地域研究』朝倉書店，53-79。

山下宗利（2009）：教室からフィールドへ。佐長健司・上野景三・甲斐今日子編『教師をはぐくむ——地方大学の挑戦』昭和堂，127-146。

第1章 地理エクスカーションの意義とすすめ方

1.2 地理エクスカーションのすすめ方

ポイント
1. 地理エクスカーションをどのように行うのか？
2. 地形図をどのようにみるのか？
3. エクスカーション中の危険・危機の予防と対処をどうするか？

1 エクスカーションの事前準備

地理エクスカーションは，事前の準備から始まる。特に，本書のテーマとしている地域立脚型学習（ABL）を実践するためには，エクスカーションで伝えようとするテーマの設定が必要である。そして，そのテーマに即した資料の収集による事前準備が重要な意味を持つ。

地理エクスカーションの資料として最も重要な物は，その場所の空間構造を把握するために用いる地図である。一般図としての国土地理院発行の1万分の1地形図，2万5千分の1地形図，5万分の1地形図，20万分の1地勢図，自治体発行の大縮尺の都市計画基本図などは，様々な机上作業のベースマップや後述するルートマップの基図ともなる地図であるので，必ず手元にそろえたい。地図出版社の刊行する都市地図や住宅地図は都市内部の町丁名や屋号等の情報が充実しており便利である。自然環境を把握する上では，土地分類図，地質図といった主題図も有用である。防災に着目したエクスカーションでは，自治体の作成したハザードマップも重要な資料となる。この他にも様々な対象地域の地図が入手できるだろう。これらの地図を，テーマに応じて，事前に準備しなければならない。

近年では，インターネット上にも様々な地理空間情報が蓄積されている。国土地理院のホームページでは，後述する地形図の画像だけでなく，基盤地図情報として標高データや建物の位置を記したデジタルデータもダウンロードすることができる。これらは，カシミール3DやMANDARAといったフリーのGISソフトウェア（3.2節参照）で閲覧したり，鳥瞰図，断面図を作成することも可能である。

地図以外の資料についても事前に収集し，その内容を理解しておく必要がある。人口，産業，流通などをテーマにしたエクスカーションでは，統計資料の活用が内容の充実に不可欠である。その地域の成り立ちについては，自治体史，日本地誌研究所の編集による『日本地誌』（二宮書店），『日本の地誌』（朝倉書店），地名辞典を活用することで，一通りの地域形成過程を理解しておくことにより，より深いエクスカーションを実践することができる。

これらの資料も踏まえた上で，設定したテーマに基づいたコースや訪問箇所を決定し，実施プランを策定する。

2 地形図の入手と読み方

本書でもルートマップに利用した地形図は，地図の専門店や大型書店，一般財団法人日本地図センターからの通信販売などで購入することができる。これまでは，紙に印刷されてからの時間の経過や図幅の切れ目の位置が問題となっていたが，国土地理院のウェブサイトにある地理院地図で，全国の最新の地理情報を閲覧することができる。インターネットから注文できる電子地形図 25000 では，この最新の情報に基づくオーダーメードの地形図を購入することも可能となり，利便性が向上した。

過去の地形図や上空から地表を撮影した空中写真は，国土地理院のウェブサイトの地図・空中写真閲覧サービスで，過去から現在に至るものを閲覧できる。過去の景観を復原しながら，現地を歩くエクスカーションを行おうとする場合は便利なサービスである。

地形図の読み方にもぜひ慣れてほしい。地形図には市役所や学校などの場所が記号によって表されており，地面を覆う，土地利用・植生も水田や広葉樹林といった記号で表されている。地形図の凡例や国土地理院のウェブサイトで確認してほしい。地面の起伏は，等高線によって表されている。同じ標高の地点を線で結んだものが等高線であり，傾斜の緩い場所は広い間隔で，傾斜の急な場所は狭い間隔で表されている。さらにその地点で水がどちらに流れていき，どこに水が集まり水流ができるかということも判断できる（図1.2.1）。

3 エクスカーション中の留意点

地理エクスカーションでは，フィールドノートの携行が不可欠である。国内でも数社からフィールドノートという名前の製品が発売されている。メモ帳や大型の大学ノートの方が書きやすいという方はそれでも構わない。また，ノートのとり方にも流儀があるので，それに合わせたものを選んでほしい。持参したフィールドノートには，気づいたこと，目にしたものなど，五感を通じて得られたものすべてを記入する（図1.2.2）。もちろん文章だけで説明できないことも多くある。そうした

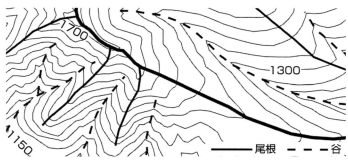

図 1.2.1　等高線の読み方（模式図）
等高線は間隔が密な所は傾斜が急であり，疎の所の傾斜が緩やかである。上の図であれば，図の左側は傾斜が急で，右側は緩やかということがわかる。また，等高線が高いところから低いところに向かって張り出している部分が尾根（実線），低いところから高いところに向かって張り出している部分が谷（破線）である。

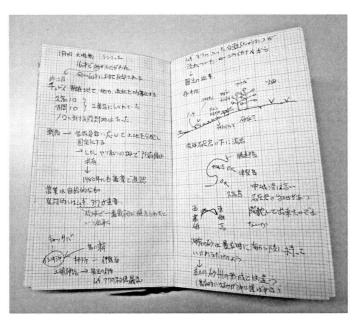

図 1.2.2 フィールドノートの例
3色ボールペンによる色分けや断面図、模式図などを用いて、記録をしている。

場合は、スケッチとして絵で記録することも大切である。

　スケッチは対象に応じて、様々なスケールで描かれるが、あくまでも記録であるため、みたままを書くだけでなく、場合によっては、地物の配置を地図のようにして書いたり、地面を切り取った断面図として書いたりしても構わない。もちろん、スケッチの中に文字を書き込んで、情報を付加することも可能である。「自分は絵が苦手だから……」としり込みせず、積極的にスケッチをとる習慣をつけてほしい。

　カメラを持っているならば、写真を記録を残すことも大切である。この場合、クローズアップをしたものから周囲の様子もわかるようなワイドな写真まで、構図を変えて撮影することが、後々役に立つことも多いので実践してみるとよい。近年はデジタルカメラの普及で、枚数を気にせずに写真を撮ることができるようになったので、何を撮ったか、わからなくなってしまうことも多い。また、撮影したものの大きさもわかりにくいことも多い。そうした場合は、構図の中にメモやスケール（ものさしに限らず、硬貨や人など大きさのわかるものなら何でもよい）を写し込んだりする工夫も必要である（図1.2.3）。

　さらに、見聞きした内容やスケッチや写真を撮影した場所がどこであったのかということも、非常に重要である。どこをたどって、どこで何をみたのかということは、ルートマップとして地図にまとめて記録することも習慣づけてほしい。

4　事後学修
——今後の学修課題

　高校、大学の授業の一環として行うエクスカーションでは、参加生徒・学生に事後のレポートを課すケースが多いだろう。この際、エクスカーションでみたものを場所と合わせて記述するのは最低限のものであり、地域立脚型学習においては、さらに考察を加えたリポートの作成を行ってほしい。

　本書で紹介した14コースの事例は、それ

図 1.2.3 スケールを写し込んだ写真の例
写真だけでは，被写体の大きさがわかりにくいことも多い。スケールとしてフィールドノートや硬貨，ペン，人などを写し込むとよい。

ぞれの筆者によりテーマの設定がされている。そして，各節末には，さらなる学修のためにエクスカーション後に考察すべき課題も記されている。地域立脚型学習では，エクスカーションは最終到達点ではなく，これを元に地域の在り方を考える出発点として考えている。このエクスカーションを契機として，さらなる地域の見方を養い，地域の問題点を見つけ，解決する力を育成してほしい。

5　安全面への留意

野外で行う地理エクスカーションでは，様々な危機に見舞われる恐れがある。それに的確に対応するためには，実施前から様々な準備をしておく必要がある。

まず計画段階では，参加者の体力や健康状態を把握し，無理のない計画を立てることが重要である。加えて，地理エクスカーションは見知らぬ場所で，徒歩などの移動を伴って行われることが多い。普段の生活よりも神経を使い，体力を消耗しやすいことから，詰め込みすぎの計画は，トラブルの原因となるので避けたい。また，天気予報で当日の悪天候が予想される場合は，臨機応変な対応が必要となることもある。

これ以外にも，エクスカーションの最中では，交通事故，危険生物，滑落事故，落雷，水難事故など，不慮の事故や犯罪の被害に遭遇する可能性もある。こうした事故は想定したくはないが，参加者の保険加入や応急処置用具の持参は必須である。さらには，こうした事故を想定した対応法の周知徹底も必要である。

エクスカーション実施中には，急な天候の変化や自然災害の発生が起こることも考えられる。こうした場合に備えてハザードマップなどで，行動中の避難場所や避難経路も十分に検討しておくことも，万が一に備えて必要である。

参考として，立正大学地球環境科学部地理学科のフィールドワークにおける危機管理マニュアルの抜粋を示す（巻末の付録1）。最後にエクスカーションのリスクを紹介したが，現地で得られる学びはそれを上回るメリットを私たちに与えてくれる。本書を参考に積極的に現地へと赴いてほしい。　　［鈴木重雄］

第1章 地理エクスカーションの意義とすすめ方

1.3 地理エクスカーションの視点と地理教育

ポイント
1. 教育目的で行われる地理エクスカーションとは何か。
2. 地理エクスカーションの視点とは何か。
3. 地理エクスカーションにおける地理的な見方・考え方の学習とは何か。

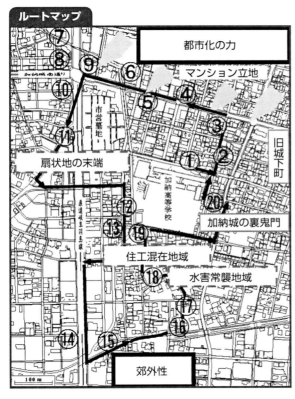

図 1.3.1　岐阜県立加納高校周辺地域のルートマップ（1万分の1基本図，縮小，一部加筆）
① 二中堂　　　　　　⑪ 縫製工場
② 袖うだつのある家　⑫ ボタン穴かがり工場
③ 金比羅神社　　　　⑬ 工場下駄履きマンション
④ マンション　　　　⑭ 自動車ディーラー
⑤ 銀行ATM　　　　 ⑮ 合流点
⑥ アピタ　　　　　　⑯ 地蔵尊
⑦ 建設中のマンション ⑰ ミシン修理店
⑧ 古いアパート　　　⑱ 水屋（水塚）
⑨ 看板　　　　　　　⑲ 縫製工場
⑩ 墓石無人展示場　　⑳ 猿田彦神社

1 「所変われば品変わる」ということ

地理エクスカーションに参加する際には，地理学の本質を意識することによって，より深い知見に至ることができる。この地理学の本質について，日本の地理学の黎明期から発展期までの長きにわたり地理学の研究教育に活躍し，立正大学の地理を創始した中心的研究者の田中啓爾は，著書である『地理学の本質と原理』で，次のように述べている（田中 1949）。

　所変れば，地方色があり，そこに地理が生れる。言いかえれば，所変れば，地理があると言いたい。地理学の対象は何であるか。

地理学においては…（略）…，地的関連の見解であることが中心である。即ち地縁的見解のものであるという点において他の学科と態度を異にしている。一定の地域は，一定の地理的性格をもっているものとして研究の対象にする。…（略）…その一定の地域の地理的性格を地域性と言い，二つ以上の地域性の闡明、即ち理論的説明を地理学というのである。

すなわち一般的に言えば，「所変われば品変わる」ということが地理学の生まれる根本ということになる。ある所には，その所ならではの土地柄（そこらしさ）・地域性（地域的性格）があり，所が変わると，またその所ならではの土地の表情や場所的個性が存在するのである。これらを理論的に比較検討することによって地理的理解に至ることができるということになる。

「所変われば品変わる」の品は，地域に存在する諸事象の事であるが，この「品」を地理的事象として捉えるには，地理エクスカーションの視点の根源となる地理的な見方や考え方の体得が欠かせない。本節では地理教育の面からの地理エクスカーションの視点について，主に高等学校の地理学習を視野に入れて論を進める（囲み記事）。

2 教育目的で行われる地理エクスカーションの概要

一般的な地理エクスカーションと教育目的で行われる地理エクスカーションとには，当該地域における地理的事象の理解という点では内容的に大きな相違があるわけではない。しかし，一般的な地理エクスカーションでは現地の地域観察とともに，参加者の自由な発想に基づく現地での討論なども主体的に行われる。一方，教育目的で行われる地理エクスカーションでは，地域を観る方法論的教育と指導者の地域理解を教え示すことに重きが置かれ，案内者（指導者）が地理教育の目的と内容に基づき，これらに適した対象地域と時期とを設定して企画している。また学校教育では，現地での地理エクスカーションに先立ち，地図・資料・統計などの加工（土地利用図の作成，統計資料のグラフ化・地図化，時点の異なる地形図の比較，必要な文献・古文書の読了など）を事前の机上作業として済ませるなど一連の準備を行う。案内者は参加者に対して，必要な史資料などを配布した後，現地で地域観察を実施する。

現地での地理エクスカーションについては，地域を大観するものと詳細に地域観察を行うものとの2つに分けることができる。地域を大観するものはジェネラルサーベイ（General Survey）であり，ある程度の広さの範囲を，特定の事象に絞らずに一般的に踏査する概観的な方法といえよう。こうした場合には，自動車やバスなどを用いて移動しながら観察や調査をすることが多い。一方，詳細に地域観察を行うものでは，あるテーマ（地域性や地域の課題など）に絞ったり，ある特定の地理的範囲を定めたりして実施される。このような場合には徒歩での観察や調査が主体となる。実際には，この両方の方法を組み合わせて用

> ●**高等学校の地理学習における地理エクスカーションの視点**
>
> 　地理エクスカーションを，平成21年改定高等学校学習指導要領の「生活圏の地域的な諸課題と地域調査」（地理A：「内容」大項目(2) 生活圏の諸課題の地理的考察　中項目ウ）や「地図の活用と地域調査」（地理B：「内容」大項目(1) 様々な地図と地理的技能　中項目イ）と関連させることができる。

いることが教育的観点からみて地域の理解に効果的である。

3　地理エクスカーションの視点とは何か

　地理学の研究対象については「地域」であるという共通認識がある。たとえば，地誌学での「地域」は，「地域性という個性によってまとまりのある地域的範囲」といえるし，また系統地理学においては，「リンゴ栽培の盛んな地域的範囲」を一つの等質地域として捉えたり，また札幌市の都市圏といった「ある中心地が影響を及ぼす地域的範囲」を一つの結節地域（統一地域・機能地域）として捉えたりする。こうした地域は，ある意味では一つの全体地域であるが，一方ではこの地域がさらに大きな全体地域の一部（部分地域）をなしている場合もある。他方，この地域の中により小さい部分地域を含む場合もある。「地域」はこうした重層的・階層的な入れ子構造となっていると認識されている。

　地理エクスカーションの視点とは，これらのような「地域」と地域にみられる諸事象について点的（位置）・線的（ベクトル）・面的（広がり）に視点を変化させながら融通無碍に見渡す見方のことである。点の連続が線となり，線の幅が広がれば地帯・面となる一方，面や線を極限まで縮小していけば点となるように，点的視点・線的視点・面的視点を縮域的見方と広域的見方で可逆的に変化させながら，地理的事象の分布について捉えることが大切である。

　ところで地理学が扱う地理的事象は，たとえばリンゴ園やリンゴ栽培農家のように，地域に存在する諸事象の内でも分布（位置）に偏りのみられる事象である。もし地球全体が均質（地域の諸事象に偏りのない状態）で，どこにも地域差がないとすれば地理学は存在しえない。しかし視点（点的・線的・面的）を変えて諸事象の分布をみれば，地球全体でこれらが均質であることはなく，偏りを持って分布しており，地域差を生じている。そして，この地域差の生じる諸要因が，過去から現在に至る間に様々な地域で作用してきたことになる。

　さて，新聞記事には 4W1H（Who, When, Where, Why, How）が欠かせないといわれている。このような基本的調査項目については，地理学でも教育内容とされてきている。地理学の基礎体系について，(1) 何が（事象），(2) どこに（場所），(3) いつ（時間），(4) なぜか（地域事象認知の，再確認と分布・立地などの理由について暗中模索），(5) こうだろう（仮説の設定→予備調査），(6) ほんとうか（本調査），(7) 何がいえるか（地域空間の理論），(8) 問題があるか（地理学理論の地域諸問題解決への応用）を論じた「地理学の調査における基本（地理学の 8 段階）」は，この基本的調査の段階を示すものである（稲永 1976）。

4　地理エクスカーションにおける地理的な見方・考え方の学習

　日本において小学校・中学校・高等学校などの初等中等教育で本格的に地理的な見方・考え方を学習する課程は，中学校社会地理的分野と高等学校地理である。中学校では「地理的な見方や考え方の基礎を培い」とされており（文部科学省 2008），高等学校では「地理的な見方や考え方を培い」となっている（文部科学省 2009）。これらの学習指導要領の解説には，一般の人々にもわかりやすく地理的な見方や考え方について説明されており，こ

表 1.3.1 中学校・高等学校学習指導要領解説による地理的な見方と地理的な考え方の基本

○地理的な見方と地理的な考え方は相互に深い関係があり，本来は地理的な見方や考え方として一体的にとらえるものである。
○しかし，あえて学習の過程を考慮して整理すれば，地理的な見方とは，日本や世界にみられる諸事象を位置や空間的な広がりとのかかわりで地理的事象として見いだすことであり，地理的な考え方とは，それらの事象を地域という枠組みの中で考察するということができる。
地理的な見方の基本
① どこに，どのようなものが，どのように広がっているのか，諸事象を位置や空間的な広がりとのかかわりでとらえ，地理的事象として見いだすこと。また，そうした地理的事象にはどのような空間的な規則性や傾向性がみられるのか，地理的事象を距離や空間的な配置に留意してとらえること。
地理的な考え方の基本
② そうした地理的事象がなぜそこでそのようにみられるのか，また，なぜそのように分布したり移り変わったりするのか，地理的事象やその空間的な配置，秩序などを成り立たせている背景や要因を，地域という枠組みの中で，地域の環境条件や他地域との結び付きなどと人間の営みとのかかわりに着目して追究し，とらえること。
地理的な考え方を構成する主要な柱
③ そうした地理的事象は，そこでしかみられないのか，他の地域にもみられるのか，諸地域を比較し関連付けて，地域的特色を一般的共通性と地方的特殊性の視点から追究し，とらえること。
④ そうした地理的事象がみられるところは，どのようなより大きな地域に属し含まれているのか，逆にどのようなより小さな地域から構成されているのか，大小様々な地域が部分と全体とを構成する関係で重層的になっていることを踏まえて地域的特色をとらえ，考えること。
⑤ そのような地理的事象はその地域でいつごろからみられたのか，これから先もみられるのか，地域の変容をとらえ，地域の課題や将来像について考えること。

中学校学習指導要領解説社会編平成 20 年 7 月 pp.23-24；高等学校学習指導要領解説地理歴史編平成 21 年 12 月 p.98

れを表に整理した（表 1.3.1）。

　表 1.3.1 中の「地理的な見方の基本」について意識しながら，岐阜県立加納高等学校での学校周辺地域における地域調査を例として考えたい（松井 2004）。学校の沿革によれば，加納高等学校は 1948（昭和 23）年に岐阜県岐阜第二高等学校と岐阜県加納女子高等学校の統合によりこの地に発足している。一方の岐阜第二高等学校の前身は 1928（昭和 3）年に設置された岐阜第二中学校である。この所在地は岐阜市加納南陽町 3 丁目 17 番地である。地理院地図の数値地図 25000（土地条件）をみると，ここは金華山麓の長良橋付近を扇頂とする長良川扇状地と低平な氾濫平野との境目であり，扇状地末端の標高約 9 m の位置にある。

　地理エクスカーションでは対象地域と他地域とを比較しながら，諸事象の差異に気づく観察力が大切である。ルートマップに従って進むと（図 1.3.1），校地入り口近くの加納高等学校前①には，シャッターが閉まっているものの文房具店「二中堂」の看板がみられる（図 1.3.2）。校地の北東の②では「袖うだつ」（囲み記事）の残る家もみられた（図 1.3.3）。③には航海安全の神様として信仰される金刀比羅神社がある（図 1.3.4）。④・⑥は加納高校の北側の加納城南通り沿いに建つ新しい高層マンションと大規模小売店舗のアピタの立地を

図 1.3.2 加納高校前の文房具店「二中堂」（2003 年 8 月，松井撮影）

図 1.3.3　袖うだつのある家（2003年8月，松井撮影）

図 1.3.4　金刀比羅神社（2003年8月，松井撮影）

図 1.3.5　加納城南通り沿いの高層マンションと大規模小売店舗アピタ（2003年8月，松井撮影）

図 1.3.6　交差点付近の古いアパートと建設中の高層マンション（2003年8月，松井撮影）

図 1.3.7　墓石無人展示場（2003年8月，松井撮影）

図 1.3.8　婦人服の縫製工場（2003年8月，松井撮影）

●**袖うだつ**

　もともとは防火を目的とした軒下に張り出した袖壁であるが，後には家の財力や権勢を誇るような華美な装飾を施したものもみられるようになった。

示したものであり（図1.3.5），加納高校の北西の県道岐阜羽島線と加納城南通りの交差点付近には空き家となった古いアパート⑧や高層マンションの建設⑦も行われていた（図1.3.6）。市営岐阜市穴釜墓地の県道岐阜羽島線（151号線・岐阜西通り）の向かい側⑩には墓石無人展示場が立地している（図1.3.7）。また，婦人服の縫製工場⑪や（図1.3.8），⑫・⑰・⑲のように縫製関連企業もみられる（図1.3.9）。さらに，1階に縫製工場を設置して上層階をマンションとする下駄履き型の建物⑬もみられた（図1.3.10）。岐阜市の西郊を南北に貫く県道岐阜羽島線沿い⑭には自動車ディーラーや大型家具店などが立地する（図1.3.11）。扇状地の末端部に当たるところでは湧水や排

図 1.3.9　ボタン穴カガリ工場（2003 年 8 月，松井撮影）

図 1.3.10　縫製工場の下駄履きマンション（2003 年 8 月，松井撮影）

図 1.3.11　県道岐阜羽島線沿いの景観（2003 年 8 月，松井撮影）

図 1.3.12　河川の合流点と扇頂付近の金華山（2003 年 8 月，松井撮影）

図 1.3.13　水屋と丸い石積み（2003 年 8 月，松井撮影）

図 1.3.14　猿田彦神社（2003 年 8 月，松井撮影）

水の集まる合流点⑮があり（図 1.3.12），加納高校の南の扇状地末端の地域では水屋⑱もみられた（図 1.3.13）。この水屋や塀の基礎部分の石積みをみると，丸い石が用いられている。⑳は猿田彦神社で，かつての加納城下町の裏鬼門（南西方向）として置かれた神社である（図 1.3.14）。

このような地域の諸事象を地理エクスカーションの視点でみて，地理的な見方で捉えることが肝要である。また疑問点についてはさらに調査したり，地域観察から仮説を立ててこれらを検証したりすることが地理的考え方につながることとなる。

シャッターが閉められ，すでに営業停止状態ではあったが，「二中堂」は加納高校の前身である第二中学校時代からの店名を残す古い店舗である。このように店名の由来を考え

ることも地理的事象を理解する上で役に立つ。「袖うだつ」の残る家や猿田彦神社の存在が示すように，加納高校周辺地域は江戸時代には徳川家康の設けた加納城の南西の城下外れの地域（場末）であった。また，この地に市営墓地があることも墓園設置当時の郊外性を示している。そして墓石展示場が無人であることは，この墓園がすでに墓の新設の盛りを過ぎた古い墓園であることも示している。海上交通の守り神としての金刀比羅神社の存在は，かつて長良川や加納高校近くを流れる長良川支流の荒田川に川港があり，舟運が盛んであったことを示唆している。また，墓地南西の片田神社は，水上守護の神であるとともに，河川乱流の低湿地を排水して乾田（堅田・片田）となしたという農耕の神であるともされている。この神社の存在も金刀比羅神社と同様に河川による舟運が盛んであったことや，かつてから扇状地の先に広がる低湿地では水田開発の進んだ郊外的性格（郊外性）の強い地域であったことがわかる。岐阜市では第二次世界大戦後の闇市における古着販売業からアパレル産業が盛んとなり，この地域は縫製産業地域の一角をなす住工混在地域である。しかし，こうした加納高校周辺地域に岐阜市の都市化の影響が及び，高層マンションや大規模小売店舗の立地がみられるようになり，住宅と縫製工場との住工混在地域でも縫製工場の下駄履きマンションの立地がみられるようになってきた。一方，扇状地の末端部の先に当たる中小河川の流れる地域では，湧水の影響もあり河川水は比較的澄んでいる。ここでは水害常襲地域として水屋を持つ旧来からの住宅もあり，水屋や塀の礎石には河川の運搬作用によって研磨された丸石が利用されている。そして岐阜市街地の西を南北に貫く県道151号線の沿線には，比較的広い敷地面積を必要とする自動車ディーラー・大型家具店などの郊外型の店舗が立地する。加納高校の周辺地域では，「都市化の進む都市と郊外との境界地域並びに扇状地と低湿地との境界地域の地域性」を地域観察から読み取ることができよう。

5 学校教育における地域調査と地理エクスカーション

　高等学校における「生活圏の地域的な諸課題と地域調査」や「地図の活用と地域調査」を目的とする地理エクスカーションでは，地域観察を行いながら，その場所・その地域ならではの地理学習が実践できる。教科用図書では，もともと顕著な特徴のある地域を取り上げている。学校の周辺地域では，教科用図書に取り上げられているような個性的な地域的特徴を持つところは少ないかも知れない。しかし，この加納高校の事例のように，地理的な見方で学校周辺地域を歩いてみれば，種々の地理的事象が見いだせるようになる。

　加納高校の例では，扇状地と低湿地の土地利用の差異に気づいたり，水屋や河川の観察などから洪水の防災に関するテーマを見出したり，縫製関係の工場立地からは産業地域の形成と変貌についてのテーマを追究したり，下駄履きマンションの立地や高層マンションの建設あるいは大規模小売店舗の立地などからは住宅地化や都市化などの進展について考察させるなど，各種の地図と照らし合わせながら多様な地域的課題を探究する教材を見出すことができる。その際，これらの諸事象が，そこならではの地域的個別性を示すものなのか，その地を包含するより広い地域の個別性を示すものなのか，あるいは同様の地域性を持つ幾多の広い地域でしばしばみられる一般

的性格を示すものなのかについても，考察を深めることが大切である。

　教育目的の地理エクスカーションでは，時間的制約が常に伴う。これが授業の1時限単位の場合もあれば，修学旅行をかねて1～数日で行うものもある。こうした時間制限の中で，地理教育の目的に基づき，一筆書きでストーリー性のある「地域像」を描き出すように無理のない踏査ルートを組むことが肝要である。踏査ルートを地域の断面としてみた場合に，その地域の土地柄・地域性が浮き彫りになることが望ましい。　　　［松井秀郎］

参考文献
稲永幸男（1976）：「地理学研究法についての私見」立正大学文学部論叢，55，15-68。
田中啓爾（1949）：地域性の闡明。『地理学の本質と原理』古今書院。
松井秀郎（2004）：地理的見方・考え方――地域事象の教材化。平成15年度岐阜県教職員自主研究グループ支援事業報告書『授業における地域調査――地理的な見方・考え方を培う』，1-30。
文部科学省（2008）：『中学校学習指導要領解説　社会編』。
文部科学省（2009）：『高等学校学習指導要領解説　地理歴史編』。

第2章 暮らしの中の自然環境を捉える

2.1 都市の地形と自然環境を捉える視点とは何か
―― 東京近郊の段丘城下町, 川越

ポイント
1. 建物や舗装道路といった人工物で覆われた都市域で自然の地形を捉える。
2. 近世・近代の都市の構造と自然環境の関係を読み取る。
3. 地形から都市の災害リスクを判断する。

コース: 東武東上線, JR川越駅東口①→国道16号歩道橋②→熊野神社（岸町）③→浅間神社（富士山）④→仙波河岸跡⑤→龍池弁財天の湧水⑥→丸広百貨店⑦→熊野神社（連雀町）⑧→浮島神社⑨→郭町浄水場下⑩→川越城趾⑪→氷川神社⑫→旧赤間川分岐⑬→赤間川公園⑭→東武東上線川越市駅, 本川越または川越駅（日帰り）

ルートマップ

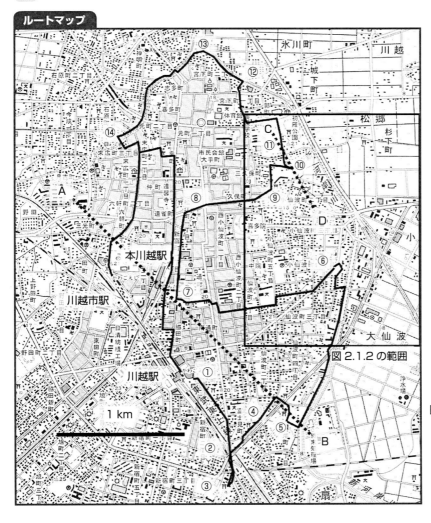

図 2.1.1 ルートマップ（2万5千分の1地形図「川越南部」平成18年発行,「川越北部」平成20年発行, 縮小, 一部加筆）

1 事前準備
——都市部の地形を読み取るための準備

東日本大震災では都市部での建物被害や地盤の液状化が広く発生した。また近年，短時間大雨による浸水や土砂災害が都市部で頻発している。都市部では森や湧水といった自然が残されている場所は少なく，これらを保全することも重要である。自然災害リスクのみならず，自然が残されている場所も地形と関係しており，都市部における地形を知ることは，様々な面で重要である。しかし，都市部では地表が建物や道路で覆われており，見通しも悪いことに加え，多くの都市は平野に立地しているため，起伏が小さく，地形を認識しにくい。一方，東京都心，金沢，名古屋など城下町に起源を持つ都市は，台地上に立つ城とその下に広がる低地という地形の境界を中心に発達していることが多い。高さの異なる段丘面の境や段丘面と低地の境には段丘崖という急斜面が連なっており，地形のアクセントとなっている。本章では，川越城とその城下町から発達した埼玉県川越市中心部を歩きながら都市部における地形と自然環境を捉え，都市が立地する自然環境とその保全，都市の災害リスクを考える巡検を行う。

川越城は江戸城を築いたことで有名な太田道灌とその父道真によって1457（長禄元）年につくられた。そのようなこともあり，江戸城と川越城の立地は地形的に共通するのであろう。川越城は武蔵野台地と呼ばれる旧多摩川の段丘化した扇状地（M2面；およそ8万年前）の上に位置する（囲み記事）（貝塚1979，貝塚ほか編 2000）。この段丘面は，北東側の荒川低地，北西側の入間川低地，南東側の不老（「ふろう」または「としとらず」）川の谷底低地に囲まれ，それらとの間に比高

●武蔵野台地の地形

武蔵野台地は現在の多摩川や荒川の低地より高い位置にある台地で，最終間氷期（12万年前頃）の古東京湾の浅い海の底（S面）や多摩川の扇状地（10万年前～3万年前；M1～M3面），多摩川の谷底低地（2万年前～1万年前；T1～T2面）の段丘面からなる（貝塚1979，貝塚ほか編 2000）。それぞれ段丘面は，関東ローム層と呼ばれる主として箱根や富士などの火山灰やほこりからなる堆積物に覆われており，形成時代の古い面ほどローム層が厚い。台地上で湧き出た水や旧多摩川河道を起源とするわずかなくぼみに集まった水が，降ってくる火山灰などを流し去る。流された部分は，火山灰などが降り積もった周囲の台地面より相対的に低くなって浅い谷となったと考えられている（久保1988）。

図 2.1.2　1881（明治14）年測図フランス式彩色地形図「埼玉県下武蔵国入間郡鴨田村」（日本地図センター発行明治前期測量2万分の1フランス式彩色地形図埼南3，一部加筆）
段丘崖を境に土地利用が大きく異なること，小さな谷の中に池があることが読み取れる。⑩周辺は水田に囲まれた広い湿地であったことがわかる。

図 **2.1.4** 川越市街地南東側の段丘崖
段丘崖の下に不老川の低地がある。右は川越街道（国道254号線）の烏頭坂（2014年9月，島津撮影）。

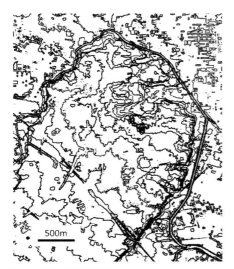

図 **2.1.3** 川越の等高線図
基盤地図情報 5 mDEM に基づきカシミール 3D を用いて作成。等高線間隔 1 m。

数 m～10 m の段丘崖がある。縄文海進の時には現荒川低地に沿って川越の近くまで古東京湾が入り込んでいた。

巡検を始めるにあたり事前に，自然に近い環境や地形を知る手がかりとなる明治初期の地形図，フランス式彩色地形図（日本地図センター刊）を入手したい（図 2.1.2）。また，川越市役所で 2500 分の 1 都市計画図を入手して，地図上で地面の凹凸を調べておくことが望ましい。川越市立博物館では，近世〜現代の様々な地図，絵図が収録されている地図をテーマとした企画展の図録を手に入れることができる。しかし，事前に川越まで来るのが難しいのであれば，地形については基盤地図情報の細密地形データ（5 mDEM）から等高線図や段彩図を作成するとよい（図 2.1.3）。地盤データは埼玉県環境科学国際センター（2007）にある。

図 **2.1.5** 浅間神社本殿とその裏にある「火口」
ともに溶岩を積み上げて造られている（2014年9月，島津撮影）。

2 川越市街地はどのような地形に立地しているのか？

巡検は川越駅東口①から始める。ここから南東へ向かい，川越城の大手門と中山道の板橋宿を結ぶ平坦な川越街道（川越では東京街道と呼ぶ）に出て南へ進むと，国道 16 号線と 254 号線の分岐点にぶつかる。歩道橋②に上ると，眼下に東武東上線，JR 川越線の切通しと段丘崖，不老川の谷が見え，川越の市街地が周りより高い段丘面上に位置すること

がよくわかる（図2.1.4）。国道254号線から分岐する旧川越街道の細い道を下る。この坂は烏頭坂（うとうさか）と呼ばれている。かつて江戸・東京から歩いて来た人，あるいは新河岸川（しんがし）の舟運で「新河岸」に荷揚げされた荷物にとってこの急坂が川越の入り口であった。烏頭坂の横にある熊野神社③の境内からも，不老川の谷底低地に面した明瞭な段丘崖がみえる。

つぎに，浅間神社（せんげん）④へ向かう。その名の通り，富士山をまつった神社で，もとは古墳だった「山」の頂に拝殿があり，その裏側には溶岩を積み上げてつくった本殿と火口がある（図2.1.5）。川越では毎年7月13日に山開き（初山）が行われ，市内の菓子店では餅の上に富士山型のこしあんを載せた「初山あんころ餅」が売り出される。

3　段丘崖に見られる自然環境とはどのようなものか？

浅間神社から北へ進み，台地と荒川低地を境する比高12 mの段丘崖を下る（図2.1.6）と仙波河岸史跡公園（せんば）⑤に出る。この場所は，新河岸川の源であった湧水を利用して，1879（明治12）年につくられた仙波河岸の跡である。段丘崖にあったかつて「仙波の滝」と呼ばれた湧水は，段丘礫層を通って流れてきた武蔵野台地の地下水が湧出したものである。川越の中心部を掘ると表面からおよそ5 mの関東ローム層，多摩川が運んできた段丘礫層，難透水層の上総層が出てくる。段丘崖をよく観察すると段丘礫の円礫層を確認することができる。現在でも水は浸み出しているが，「湧水」は2004（平成16）年にポンプで汲み上げた水を利用して復原されたものである。

仙波河岸から上流の旧赤間川分流点までの新河岸川は，段丘崖や台地を刻む谷の谷頭や谷壁で湧き出した水が集まった湿地をつなげてつくられた人工河川である。今の川となったのは1930年代である。

新河岸川に沿って北上すると，現在でも住宅街の間に湧水をみることができる（⑥，口絵1）。段丘に食い込むように浅い谷があり，その中腹で水が湧いている。湧水の上に弁財天がまつられていて，龍池弁財天の湧水と呼ばれている。住宅街の中で自然に近い地形や湧水が観察できる貴重な場所である。湧水を含めて保全していくためにはどのようなことが必要か考えてみよう。

4　川越城は地形によってどのように護られていたか？

弁財天の湧水から段丘面上に出て，まだ畑が残る仙波，小仙波を通り，現在の川越の商業の中心，クレアモール商店街に出る。天気がよければ，川越の街が一望できるので丸広百貨店⑦の屋上に上ってみよう。

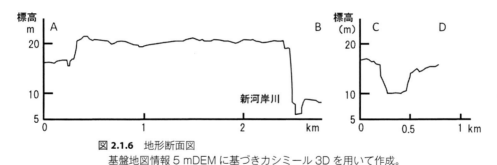

図 2.1.6　地形断面図
基盤地図情報5 mDEMに基づきカシミール3Dを用いて作成。

クレアモール商店街を北上しながらわずかな傾斜を注意深く観察しよう。M2面の傾斜や連雀町の熊野神社⑧付近のわずかなくぼみがわかるだろう。熊野神社には近くに「池」があったとする故事にちなんで最近「銭洗い弁天」がつくられた。この池はわずかな地形的なくぼみに水がたまっていたか，水がわき出ていたと推定できる。段丘面上の谷の始まりの地点である。

熊野神社から谷に沿って東へ下って，浮島神社⑨に至る。ここは七ツ釜と呼ばれるいくつもの湧水がある沼沢地であったという。今は神社の境内に池がつくられている。熊野神社から続く谷がどのように形成されたのか考えてみよう。

浮島神社からさらに谷（図2.1.6）を下ると郭町浄水場の下⑩に出る。現在は住宅が並んではいるが，その背後にある空き地は水がしみ出る湿地となっている。ここは谷の出口が荒川の堆積物で塞がれた地形となっており，関東ローム層からなる段丘から洗い流された泥などの軟弱な層が9m程度堆積し，水も滞留している。川越城跡⑪との位置関係から，この泥沼が城の南の守りとなっていたことがわかる。このようなきわめて地盤の悪い場所も市街地の拡大とともに宅地化された。

川越城は台地の北東の端に位置し，北から東にかけては低地と隔てる段丘崖，南に湿地という，自然の障壁に囲まれていた。西側は城下の街と地形的につながっていたため，現在の市役所前にあった大手門との間に堀がつくられていた。その一つが発掘・復元されている。川越城の中心，本丸御殿の北にある川越市立博物館には川越中心部のジオラマがあり，地形とかつての街並みの様子を確認できる。

5 都市の災害リスクを地形から読み取るにはどのようにしたらよいか？

川越城跡から北へ向かうと川越総鎮守の氷川神社⑫がある。氷川神社は城より低い段丘面上に位置する。氷川神社の裏手には比高3mほどの段丘崖があり，その先には低地が広がっている。段丘崖の下には，かつての上尾街道に沿った湧水があったが，現在ではその面影はない。この周辺の低地には住宅地と畑が混在している。東日本大震災直後には，台地上にある蔵の街や市街地ではみられなかった屋根の被害が，ここの低地ではみられた。

地点⑬から上流も新河岸川と呼ばれているが，もともと赤間川であった。旧赤間川はここから北上して川越市街地を大きく回り込ん

図 **2.1.7** 普段の新河岸川（旧赤間川区間）
右側の部分は段丘崖（2014年9月，島津撮影）。

図 **2.1.8** 増水時の新河岸川（2014年8月，島津撮影）

で，川越の東の荒川低地の中にある伊佐沼へ流れ込んでいた。

新河岸川の旧赤間川区間に沿ってさかのぼって赤間川公園⑭まで行ってみよう。普段は浅い流れではあるが（図2.1.7），少し強い雨が降るとたちまち増水する。以前は左岸の低地側にしばしば氾濫していた。川底を掘り下げるなどの工事を行ったため，最近は氾濫することも少なくなったものの，今でも年に数回は道路ぎりぎりまで水が上がる（図2.1.8）。比高は小さくても右岸の台地上に氾濫することはないが，コンクリート擁壁で覆われている段丘崖には崩壊のリスクがある。

新河岸川から比高3mほどの段丘崖を上って川越城下町の中心に戻る。菓子屋横丁や1893（明治26）年の大火の後につくられた蔵の街といった川越観光の中心を通って，駅にもどる。この間にも，わずかな起伏には注意しよう。川越市駅の手前はごくわずかではあるが低くなっている。止水板が見られる敷地があることからも，浸水の危険があることが想像できる。

6　今後の学修課題

都市の中には様々な地形環境が存在しており，地盤や災害リスクといった形で現在の暮らしにも影響していることが，注意深い観察からみえてくる。近世の街は台地の上につくられたが，湿地状の場所や荒川低地にも市街地が拡大してきた。これらの場所は，地盤が悪いことや，荒川などの大きな河川の氾濫リスクだけでなく，短時間大雨が発生したときの浸水，湛水の危険もある。さらに，地震の揺れが大きい場合もある。台地の上が必ずしも災害リスクが小さいわけではない。短時間大雨の時には降った雨が都市の浸透しにくい地面の表面を流れ，台地上のわずかなくぼみに集まり，浸水，湛水を引き起こす。また，段丘崖には土砂災害の危険もある。

地面がコンクリートで覆われることにより，湧水をはじめとした貴重な自然環境が消滅の危機に陥っている。単に人工的に景観復元をすればよいということではなく，自然の構造を含めて考え直す必要があろう。この巡検をきっかけに，様々な都市を地形の点から注意深く観察し，都市の立地環境や，災害リスクを考察してみよう。

［島津　弘］

参考文献
貝塚爽平（1979）：『東京の自然史　増補第2版』紀伊國屋書店（講談社学術文庫で『東京の自然史』として2011年に再版）。
貝塚爽平・小池一之・遠藤邦彦・山崎晴雄・鈴木毅彦編（2000）『日本の地形4　関東・伊豆小笠原』東京大学出版会。
久保純子（1988）：相模野台地・武蔵野台地を刻む谷の地形――風成テフラを供給された名残川の谷地形。地理学評論，61，25-48。
埼玉県環境科学国際センター（2007）：『埼玉県地質地盤資料集』。

第 2 章　暮らしの中の自然環境を捉える

2.2　水環境を捉える視点とは何か
—— 国分寺市・小金井市の湧水と野川から考える

ポイント
1. 河岸段丘の形成を理解する。
2. 河岸段丘と湧水との関係，湧水と河川との関係を理解する。
3. 水環境保全について考える。

コース：　西国分寺駅①→伝鎌倉街道②→河岸段丘③→国分寺本堂④→真姿の池湧水群⑤→野川・元町用水合流地点⑥→野川蛇行地点⑦→新次郎池⑧→旧野川河川跡⑨→貫井神社⑩→野川河川改修地点⑪（日帰り）

図 2.2.1　ルートマップ（2万5千分の1地形図「立川」平成25年発行，70%縮小，一部加筆）

1　事前準備

　地方出身者のみならず，関東出身者はもとより東京出身者であっても，東京に湧水が存在していることを知っている者は少ない。そこで筆者は，大都市東京の一側面として，湧水が現存していることを知ってもらいたいという意図で，毎年，国分寺市・小金井市の野川流域で，日帰り巡検を実施している（図2.2.1）。もちろん，ただ知ってもらうだけではなく，以下の3つの狙いをもって，巡検のテーマと

している。すなわち，(1) 多摩川による河岸段丘の形成を理解する，(2) 河岸段丘と湧水との関係，湧水と河川との関係を理解する，(3) 水環境保全について考えるである。

そこで，これらのテーマを満たしうる国分寺市・小金井市にまたがる国分寺崖線に沿って，巡検を実施した。国分寺崖線沿いには，環境省により名水百選に選定された「真姿の池湧水群」をはじめとする数多くの湧水が位置している。さらに，湧水を集めて流れる都市河川である野川も流下している。そのため，湧水および河川の保全活動が，行政および市民の双方により活発に行われている。

事前作業として，1万分の1地形図上の等高線（主曲線）を赤鉛筆でなぞり，等高線の理解およびおおよその高低差を理解しておく。これは地形図を用いて，地形をイメージできるようになることが目的である。

2　地形観察から河岸段丘を捉える

JR西国分寺駅①に集合し，JR武蔵野線と自分が立っている位置との関係を確認する。これにより自分が武蔵野段丘面に立っていることを認識できる。

地形の観察には簡易的な測量も有用である。地形図から読み取れる標高差と，実測との比較を行うことで，段丘崖の比高を実感することができる。伝鎌倉街道②にて，ハンドレベル（囲み記事）での比高計測および歩測での距離測定を実践する。これらの実測データをもとに，直線距離を求めた上で断面図を作成することで，より深い理解につながる。

計測終了後，段丘崖（国分寺崖線）を降りた地点で，再びJR武蔵野線と自分の位置との関係について考えよう。集合場所ではほぼ同じ高さにあったJR武蔵野線の線路が頭上を走っていることから，高低差を意識し，周囲の観察を促す。これにより，ルート上にみられる複数の「市街化調整区域」という看板に気づき，質問する学生も多い。そこで，都市計画上の区域設定とともに，都市計画法に基づいて設定された市街化調整区域について説明する。無秩序な市街地の拡大を規制するために設けられた市街化調整区域は，東京の郊外都市である国分寺市・小金井市においても多くみられる。こうした現地での観察を通じて，用語解説のみでは得られない実感を得ることができる。これが巡検の醍醐味ともいえる。

図 2.2.2　立川段丘面から武蔵野段丘面をのぞむ（2012年5月，原撮影）

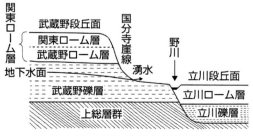

図 2.2.3　国分寺崖線の地形断面

●ハンドレベル
自分の目の高さに水平な位置をみるための器具で，簡便に土地の高さを測定する際に使用する。

地点③では，河岸段丘を観察する（図2.2.2）。まずは参加学生に河岸段丘の形成について説明を求める。学生が説明することで，他の学生も自身の理解度を認識することにつながる。図2.2.3を用いて教員が補足説明した後，学生に武蔵野段丘面と立川段丘面の形成年代順を考えるように指示し，図2.2.3などを用いてディスカッションを行う。これにより，河岸段丘形成について，より深く理解することができる。

3　水環境調査から河岸段丘と湧水，湧水と河川との関係を捉える

河岸段丘の形成過程に続き，河岸段丘と湧水の湧出地点との関係性について説明する。これからみてゆく国分寺崖線の湧水のほとんどは，地下水が段丘崖により表出したものであることや，段丘を形成している地層の透水性の違いについて説明する。

その後，湧水および河川（野川）の水質調査を実施する。調査地点はルートマップに黒丸で示した。学生はこの水質調査により湧水と河川との結びつきや流下に伴う水質変化について，実測値をもとに考えることができる。水質調査の項目は電気伝導度（囲み記事①），pH，水温（以上，東亜ディーケーケー株式会社製ガラス電極式水素イオン濃度指数計を使用），COD（共立理化学研究所パックテストを使用）（囲み記事②），および調査地点観察である。

調査機材の使用方法および注意点について説明した後，学生を3～4名のグループに分け，班ごとに調査地点を指示し，ルート探索と水質調査を協力して実施させる。これを通じて現地での地形図の読図練習を行い，さらに共同調査の基本を学ぶことができる。

地点移動では，直線的に進む班，大回りでも主要道を進む班など，さまざまなルートを選択する（地点④⑤）。また，初期段階では地形図の等高線を意識せず，上り下りを繰り返す。しかし，経験を重ねるにつれて，最短ルートかつ上り下りを最小限にするルートを歩むことができるようになる。実体験が読図に効果を生む良い事例の一つといえる。

真姿の池周辺では，水遊びをする子どもたちや水辺を訪れる中高年の姿が多くみられる（地点⑤，図2.2.4）。また，湧水が流下する所には洗い場で野菜などが洗われており，実際に使用されている様子から，具体的な水利用例を知ることができる（図2.2.5）。さらに，近年は近隣にカフェや湧水園などの施設が立地するようになり，湧水に関する情報提供が行われている。地図を読むのに時間がかかり，同時にスタートしたにも関わらず第1地点⑤に到着するのに，5分以上の差がつくこともある。初めて水質機材を使用する学生が多いこともあり，すべての計測が終わるのに30分以上かかることもあるが，数回計測すると手早く計測できるようになる。水質調査後に，国分寺市における湧水保全に関する住民運動が展開されたことや，雨水浸透ます設置がすすめられていることなどの事例について説明し，水環境保全活動についての解説を行う（小倉2003，矢間2003）。

野川でも水質調査を行う。野川は国分寺市に位置する日立製作所敷地内の湧水を源流と

●**水質調査の項目（主な水質指標）**
①電気伝導度（導電率）：水中の無機イオンの総量を表す指標であり，水の汚れの目安としてしばしば用いられる。
② COD：水中の酸化されやすい物質（主として有機物）の酸化により消費される酸素量を表す。

図 2.2.4 水遊びをする子どもたち（2014年5月，原撮影，口絵2参照）

図 2.2.5 湧水利用の一例（2014年5月，原撮影，口絵3参照）

図 2.2.6 野川と元町用水の合流点（2014年5月，原撮影）

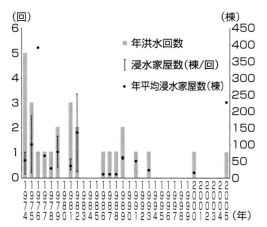

図 2.2.7 野川流域の洪水回数と浸水家屋数（東京都（2006）より作成）

し，多摩川に合流する流路延長 20.9 km，流域面積 69.6 km² の1級河川である（東京都 2006）。野川の景観は湧水景観とは大きく異なる三面張り護岸であり，このような都市河川で多くみられる河川景観から，「水質が悪いであろう」という先入観を持つ学生も少なくない。ところが，実際に水質を計測すると，その計測結果は湧水の値と大きく変わらないことがわかる。これにより，水質は見た目（景観）で判断できないという経験を得られる。

その後，野川と真姿の池周辺の湧水を集めた元町用水との合流点⑥（図2.2.6）において，過去の水害被害についての説明を行う。野川周辺では1960〜1970年代にかけての急激な都市化に伴い，水田の宅地化が進んだ。その後，都市化に起因する水害は少なくない。図2.2.7では年ごとの洪水回数と1回当たりの最大・最小浸水家屋数・平均家屋数の推移を表した。全体として護岸整備が進むとともに，洪水回数は減少しているものの，2005年には一度の洪水で227棟もの浸水被害が起こった。野川は都市河川であるため，ひとたび洪水が起こるとその周辺の被害家屋数も多くなる。それに対応すべく，野川流域では洪水防止のための「野川河川整備計画」が策定された（東京都 2006）。この「野川河川整備計画」に基づき，調整池の設置や河川改修などが行われている。しかし，それらはいまだ整備途中であり，地点⑦では未整備の状況を観察する。コンクリート護岸で固められた直角に折れた河川は，洪水被害を助長する要因の一つ

図 2.2.8 野川の旧河道（現在は緑道になっている）（2004年5月，原撮影）

図 2.2.9 河川改修工事中の野川（撮影年不明，原撮影）

図 2.2.10 河川改修後の新しい野川（2014年5月，原撮影）

である。

国分寺崖線沿いの湧水地点は谷頭侵食（囲み記事）が多くみられることから，谷頭侵食について地点⑧で解説する。地点⑩の貫井神社も谷頭侵食により，神社を取囲むような馬

● **谷頭侵食**

谷の最上部である谷頭で行われる侵食作用のこと。この作用により河川は流路をさらに上流側へ拡大・伸長させる（日本地誌研究所 1989）。

蹄形の地形がみられる。そのため，雨が続いた日には社殿の周囲から水が湧いている様子がみられ，谷頭侵食のメカニズムの一端を垣間みることができる。

地点⑨は野川の旧河道であり，現在は緑道になっている（図2.2.8）。その際，図2.2.9をみせることで，現在の姿と過去とを比較できる。さらに，地形図から旧河道を見つけるきっかけにもなる。一方，新河道⑪はそれまでみてきたコンクリート三面張り護岸の野川とは，大きく異なっていることがわかる（図2.2.10）。そこで，コンクリート三面張り護岸と自然型護岸との比較を行う。また，河川沿いを行き交う近隣住民の河川への接し方についても観察させる。その観察をもとに，河川の親水機能について各々の考えを発表させることにより，周囲観察の重要性に気づかせる。

4 今後の学修課題
――現地で得たものから水環境保全を捉える

地形形成のメカニズムという理論と，実際の地形観察を組み合わせることにより，河岸段丘についてより深く理解できる。さらに，湧水と地形との関係や湧水と河川との関係性を学び，基礎知識をもとに，河川改修や水環境保全，親水機能について考えることができる。このように国分寺崖線周辺は，河川と湧水について，多くのことを学べる良い事例地域である。

さて本巡検を通して，学生には次の課題を

課している．第1に地形計測結果から断面図を作成し，段丘崖について考えること，第2に周囲の観察を通して，国分寺崖線および野川流域ではどのような整備や保全対策が行われていたのかを考えること，第3に水質調査結果を図化し，湧水とそれが流れ込む河川における水質との関係性について考察すること，第4に自然型護岸や親水機能について，観察結果をもとに自分の意見をまとめること，そして最後に，自然環境保全と住民運動について文献調査を行うことである．提出されたレポートは添削後，誤りなく理解できるように事後学習の機会を設け，参加学生のさらなる学修意欲を高めるように努めている．

［原　美登里］

参考文献

小倉紀雄（2003）：野川は一本——環境保全と流域連絡会への期待．ATT流域研究所編『市民環境科学の実践——東京・野川の水系運動』けやき出版，110-128．

東京都（2006）：多摩川水系　野川河川整備計画　平成18年．http://www.kensetsu.metro.tokyo.jp/kasenseibikeikaku/pdf/nogawahonbun.pdf

日本地誌研究所編（1989）：『地理学辞典　改訂版』二宮書店．

矢間秀次郎（2003）：「水系の思想」で環境NGOを展開——三多摩問題調査研究会の軌跡．ATT流域研究所編『市民環境科学の実践——東京・野川の水系運動』けやき出版，8-50．

第 2 章　暮らしの中の自然環境を捉える

2.3 植生を捉える視点とは何か
―― 比企丘陵の里山で考える

ポイント
1. 森の中で植物はどのように住み分けをしているのか？
2. 人間が手を加えなければ，植物や動物の生息環境は守れるのか？

コース：　国営武蔵丘陵森林公園西口①→尾根筋のアカマツ林②→柳谷沼③→照葉樹二次林④→森林公園北口⑤→ため池⑥→山田集落の放棄竹林・水田⑦→滑川町エコミュージアムセンター⑧（日帰り）

ルートマップ

図 2.3.1　ルートマップ（2万5千分の1地形図「三ヶ尻」平成18年発行，「熊谷」平成12年発行，「武蔵小川」平成25年発行，「東松山」平成18年発行，縮小，一部加筆）

1 事前準備

　温暖湿潤な気候の日本列島は，人間が手を加えなければ，多くの場所で豊かな生態系を育む森林植生が成立する。ここでは，そうした植生や生態系を捉える視点を伝える巡検の例として，関東平野西部に位置する比企丘陵での巡検を紹介する。

　比企丘陵は，新第三紀に堆積した地層を，荒川の支流の小河川やその支谷が削って形成した地形である（堀口 1986）。気候は，年平均降水量1286.3 mm，最暖月平均気温26.8℃（8月），最寒月平均気温4.0℃（1月）で（熊谷地方気象台　1981～2010年の平均），温暖であるものの，国内ではやや降水量が少ない気候である。自然植生を考える上で重要な，暖かさの指数と寒さの指数である温量指数（吉良 1949）は，それぞれ120.8，-1.3となる。地形，地質や気候から推測される自然植生は常緑広葉樹林となる地域である。植生や生態系をテーマにした巡検を行うに当たっては，このような，地形や気候といった自然環境に関する基礎的な情報は，現地に向かう前に収集してほしい。地形分類図，自治体史，気象統計表（インターネットでも入手可）などで手に入れることができる。

　しかし，実際の比企丘陵には，自然植生の常緑広葉樹林はほとんど存在しない。その理由を理解するためには，この土地で営まれてきた人間の暮らしぶりも知る必要もある。

　起伏が小さく，荒川のような大河川の氾濫の影響も受けにくいこの地域は，古くから農耕が行われた場所でもある。近代には製糸業を支える養蚕業が発達し，戦後は東京都市圏の外縁部として，宅地や工場用地の開発が及んだ土地でもある。こうした地域の社会経済的な環境も植生には大きな影響を及している。こうした人文地理学的な地域の成り立ちについては，地名辞典，自治体史などを手がかりに事前に文献調査を行ってほしい。

　さて，この実際に巡検では森の中で植物の住み分けと，生物の生息環境の保全のあり方について特に着目する。森は一つの植物で形成されているのではなく，様々な植物が共存して成立している。その仕組みを知り，多くの種類の植物が共存できた理由を知ってほしい。その事から，生物の生息環境を守るためにはどのような配慮が必要か考えてみよう。

2 森で植物はどのように住み分けているのか？

　この巡検の前半では，地形と植生の対応関係を，1974（昭和49）年7月に開園した国営の都市公園である国営武蔵丘陵森林公園内でみていく。この公園は主に首都圏住民の森林レクリエーションの場所としての活用を目的としており，一部に遊戯施設が整備されたものの，植生，地形，ため池などの保存にも配慮された管理が実施されている。

　森林公園西口①から入園をし，遊戯施設を過ぎると，歩道は尾根上②に上がる。このあたりは林床のアズマネザサの刈取りも頻繁に行われていて，背の高いアカマツの疎林になっている（図2.3.2）。アカマツは植生遷移の初期に生育する成長の速い樹木である。この場所でも，かつては人が日々の生活で使う燃料や建材を得るための伐採が行われ，そこにアカマツが真っ先に侵入したのだろう。伐採された場所でも，特に土が乾燥しやすく，土壌が薄い尾根上では，他の樹木は成長するのに時間がかかり，アカマツ林が持続することが多いのである。

図 2.3.2　アカマツ林（2014年9月，鈴木重雄撮影）

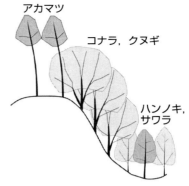

図 2.3.3　比企丘陵の地形と植生の対応模式図

　では，尾根から外れるとどのような樹木が森林をつくっているのだろうか。尾根上の歩道を進んで，都市緑化植物園の脇から，北側の柳谷に下る途中で観察してみたい。この谷は，新第三紀に形成された地層が浸食されることで形成された谷である。谷底は，水田や降水量の少ないこの地域ではため池として利用されることが多く，ここでも柳谷沼③が残されている。しかし，現在は周囲の斜面からの土砂や，植物の腐植が堆積して，湿地のようになっている。

　さて谷底では，アカマツはほとんどみられない。過湿な土の中でも根が腐りにくいハンノキやサワラといった木が谷底の湿地の中に点々と生えている。そして，谷の両側の斜面には，コナラやクヌギといったドングリのなる木が生えている。谷の両側の斜面（谷壁斜面）は，水分が程よく充足するので，丘陵地の中では，最も植物が生育しやすい場所である。このため種間競争に強い樹種へと植生遷移が進みやすく，比企丘陵では，図2.3.3のような樹種の住み分けと地形との対応がみられるのである（囲み記事）。コナラやクヌギの中には，伐採後に切り株から発生した芽の成長による萌芽更新をしたことを示す樹形をしたものもみられる。こうした痕跡から，この丘陵地が自然のままの森であったのではない

> ● **植生遷移**
>
> 　何らかの要因で森林等の植生が破壊された場所が出現すると，その場所を地上部の成長の速い植物がその場所を占有する（優占する）ようになっていく。しかし，成長の速い植物は概して寿命が短く，他の草木の陰では枯死してしまう場合が多いことから，植生が回復していく過程で，その場所で優占する植物の種類が入れ替わっていく。日本のような温暖湿潤な環境下では，裸地→一年生草本（エノコログサなど）→多年生草本（ススキなど）→先駆樹木（アカマツなど）→落葉広葉樹（コナラなど）→常緑広葉樹（シイ・カシ類など）という順をたどるのが一般的である。最終段階に達した植生はその場所の極相という。

こともわかる。

　再び尾根上の歩道に戻り，森林公園の北口を目指す。道が下り坂になったあたり④で左手の斜面に生えている木をみると，コナラ，クヌギとは違った厚くて丈夫そうな葉を持った木が密生している。シラカシである（図2.3.4）。シラカシは，この地域の自然植生を形成する常緑広葉樹の一種である。植生遷移初期では，アカマツ，コナラ，クヌギなどの急速な成長に先を越されてしまう。しかし，土壌等の成熟などの条件が整えば，他の樹木が樹冠の下でもゆっくりと成長し，枯れにくいため最終的にその場所で，優占することができる。シラカシのあるこの場所は，それだけ長い時間，植物がダメージを受けず植生遷移が進んだの

図 2.3.4　シラカシ（2014 年 9 月，鈴木重雄撮影）

である。公園の中心から離れたこのあたりでは，草刈りが行われる頻度も少なく，森林公園が設置されて以降，植物にダメージを受けることが減少した場所である。それが生態系にとって望ましいことかどうかは，巡検の後半でさらに考えてほしい。

3　植物や動物の生息環境はどのように守るのか？

そのまま坂を下っていくと，森林公園北口⑤に到着する。ここからは，公園外の丘陵地を歩いて，公園として整備されていない丘陵地の植生の現状を観察し，植生や生態系を守る方法を考えたい。

公園の駐車場を抜け，坂を下ると，背丈を超える高さのアズマネザサが茂る藪が多いことに気づく。その中には，所々，高さ 10 m ほどの樹木が生えている。これは，自然に生えた木ではなく人間が植えたクワである。すでに製糸業にも触れたが，これはその遺産といえる植生である。

1980 年代までは，比企丘陵周辺の熊谷，東松山，鴻巣などの町では製糸工場が操業していた。原料となる蚕は周囲の農村における養蚕で供給されていた。1966（昭和 41）年の地形図（図 2.3.5）からも，丘陵地には桑畑が広がっていたことがわかる。ところが，円高が進むと製糸工場は輸入生糸との価格競争に敗れ，次々と閉鎖をしてしまった。比企丘陵での養蚕も急速に衰退し，多くの桑畑が放棄をされた。中には，クワの木を伐採せずに放置

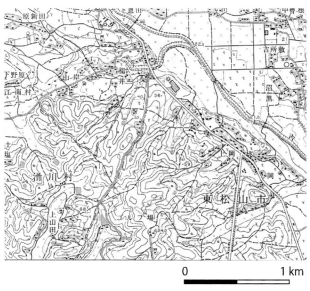

図 2.3.5　森林公園北口付近の 1966 年の地形図（2 万 5 千分の 1 地形図「熊谷」昭和 43 年発行，縮小，一部加筆）

した場所もあり，人知れず成長したクワの大木がみられる景観となってしまった。また，クワの下に生えるアズマネザサも放棄後に侵入をしたものである。地下茎を張り巡らし水平方向に広がるタケ・ササ類の植物は，高密度で地上を覆い，その場所の光を独り占めする。このため，アズマネザサの下には，ほとんど何も植物が生えていないことを観察できる。

こうした耕作放棄地の中を森林公園の東縁に沿って進むと左下の谷戸にため池⑥がみえてくる（図2.3.6）。このため池の回りも耕作地の痕跡が残っている。現在では人の手が入らなくなって，アズマネザサやクズ，ヤブカラシなどのつる植物に覆われている。

谷の反対側の斜面は，コナラの林が広がっているが，林床には背丈に近い高さのアズマネザサが繁茂しており，地面をみることはできない。コナラは，炭や薪として伐採され，林床のササも牛や馬の餌として採集されていたはずである。今では，人の手は加わることはなくなり，アズマネザサに覆われた地面では，他の植物はほとんど育てない。このため，次代の植物が成長することによって進行する植生遷移が止まってしまうこともある。

人が耕作地や雑木林を利用していた1960年代までは，今みている場所も，人の手入れが行き届くことで，もっとすっきりした景色だったはずだ。雑木林では，植生遷移が人によって抑制されていて，一年中葉を茂らすシラカシやアズマネザサは成長できず，秋から春にかけては葉を落とし，林床にも光が差し込むコナラの林が広がっていたはずだ。コナラの林の林床は，氷期からの生き残りであるカタクリ（埼玉県レッドリスト準絶滅危惧種），エビネ（同絶滅危惧IB類）のような春に花を咲かせる植物や，草刈りなどの手入れのされた畦にはフクジュソウやキツネノカミソリ

図 **2.3.6** 周囲の木々に覆われ始めている利用されなくなったため池（2013年5月，鈴木重雄撮影，口絵4参照）

●**絶滅危惧種**

近い将来に絶滅する恐れのある生物種のことで，国（環境省）あるいは都道府県がこれをリストアップしたレッドリストの作成を行っている。国際自然保護連合の定めた危険性のランクが採用されており，絶滅，野生絶滅，絶滅危惧IA類，絶滅危惧IB類，絶滅危惧II類，準絶滅危惧種の順である。

（いずれも同準絶滅危惧種）といった草本が花を咲かせていたはずである（囲み記事）。

ため池も水面は樹木が覆い始め，暗い環境へと変わりつつある。かつては人によって堤の草は刈り取られ，水面への落葉を防ぐために周囲の樹木は伐採され，明るい池であったはずだ。水面に落ちた枝葉は，腐敗し水の富栄養化も招いている。明るいきれいな池なら育つことのできた水生植物も減少しているはずである。

尾根を越えて，山田集落に出ると，所々で竹林がみられる⑦。これも人の手の加わらなくなってしまった放棄竹林である（図2.3.7）。タケもササと同様に，地下茎で広がりその場所に降り注ぐ光を独り占めしようとする植物である。しかも，ササよりも大きく，高さは15mを超え，コナラやクヌギの木でさえ覆って枯らしてしまう。そして，竹林内は先ほどのアズマネザサの藪ほどではないものの，林

図 2.3.7　周囲の森林に侵入するモウソウチク（2014年9月，鈴木重雄撮影）

図 2.3.8　圃場整備された谷底の水田（2014年9月，鈴木重雄撮影）

床に植物は少ない。こうしたタケ・ササ類の急激な繁殖や落葉広葉樹林から常緑広葉樹林への植生遷移は，自然の摂理に沿ったものである。しかし，氷期以降人間の生業によって支えられてきた地域の植物多様性を，消滅させる存在であることにも気づかなければならない。

山田集落の中央にある谷底平野は水田として利用されている。この水田は，用排水路がコンクリートで護岸がなされ，方形の区画に整備されていることから，近年，圃場整備がなされたことがわかる（図2.3.8）。これは，農作業の機械化や，水位管理を実施するために有効な事業であり，農家経営を継続させるためにも大きな意味を持っている。その一方で，水田の水路システムの合理化は，水生生物の暮らしには大きな影響を及した。今回の巡検のゴールである滑川町エコミュージアムセンター⑧では，国の天然記念物であるミヤコタナゴ（埼玉県では野生絶滅，全国レッドリスト絶滅危惧IA類）の人工繁殖が進められている。1980年代までは滑川町のため池や小川にも生息していた小型魚類であるが，現在では，センターの水槽で飼われているだけである。ため池の富栄養化や水田の水路体系の改変といった生息環境の劣化により，野生絶滅してしまった。滑川町では，人工繁殖で個体数を増加させ野生復帰を図る計画が進められているが，受け皿となる淡水環境を含めた生態系全体の保全が大きな課題である。

4　今後の学修課題
――身近な地域の生態系を考える

今回の巡検は，生態系の中でも特に植生に着目をして，地域の生態系がどのようにして成り立ってきたのかを現地で感じることを目的とした。植生には，自然環境や人間の生活の影響が強く現れていることがわかっただろう。また，単に自然に手を加えないことが生態系を守ることとならないこともあることを考えるきっかけにこの巡検がなってほしい。

植物の分布の仕方は地域によって当然異なる。もし，身近な地域で植生・生態系をテーマにした巡検を行う機会があれば，本稿を参考にして，各地の自然環境，社会環境が育んだ生態系の理解を深めてほしい。

［鈴木重雄］

参考文献
吉良竜夫（1949）:『日本の森林帯』林業解説シリーズ17，日本林業技術協会。
堀口万吉（1986）:埼玉県の地形と地質。埼玉県編『新編埼玉県史　別編3　自然』埼玉県，7-74。

第3章 自然環境の変化やその備えを捉える

3.1 火山の特徴を捉える視点とは何か
―― 地形・地質から探る浅間火山の噴火史

ポイント
1. 火山地形の観察から噴火の歴史を明らかにし，その火山の特徴を考える。特に歴史時代の大規模噴火の概要を理解する。
2. 一連の噴火活動は，その噴火様式を変えながら継続しうることを，露頭での噴出物の層序観察から理解する。
3. 災害遺構で大規模噴火による火山周辺地域での災害と復興を考える。

コース： JR北陸新幹線・しなの鉄道軽井沢駅→六里ヶ原①→鬼押出し②→赤川③→鎌原観音堂④（日帰り）

ルートマップ

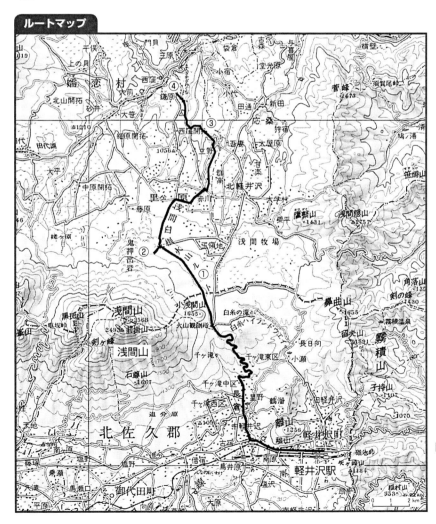

図 3.1.1 ルートマップ（20万分の1 地勢図「長野」平成10年発行，縮小，一部加筆）

1 事前準備

　火山が繰り返し噴火し成長すると，その裾野は何層もの噴出物によって広大な火山麓扇状地となる。火山麓扇状地は大規模な平坦地であるので貴重な農地や牧場，居住地となる。またその雄大な景観から観光地として発展したり，肥沃な土壌や湧水などの資源が豊富で地域の産業にも役立つ。このように火山は私たちの社会と密接な関わりを持っている。火山地域の環境を理解するためには，噴出物がつくる地形・地質を観察することによって，火山活動による環境の変遷を知ることが重要である。また，火山は日常的には私たちに恵みを与えてくれているが，ひとたび噴火活動が発生すると，周辺地域では災害が発生しうる。火山噴火は1回の爆発だけで終わることもあるが，爆発が連続的になったり溶岩流を流すようになるなど，噴火様式を変化させながら場合によっては数年間も活動が続くこともある。火山の防災を考える上では，その火山が過去にどのような活動を行ってきたのか，特に一連の噴火活動の中でその様式がどのように変化したのかなどの特徴を知ることが重要であり，これは将来火山噴火が発生したときに，その推移の予測をするのに役立つ。

　そこでこのエクスカーションでは，浅間火山の地形・地質の観察から，過去の噴火の歴史を読み解くことを目指す。特に歴史時代の大規模な噴火，1783年の天明噴火を主な対象とすることで，単に火山噴火の特徴を理解するだけでなく，周辺地域がどのような影響を受けたのかについても考える。観察に行く前には，浅間火山地質図（荒牧 1993）により火山地形や噴出物の分布を地図上で確認することを勧める。また山麓に降り積もった噴出物について早田（1995）で，天明噴火での土砂移動現象を山田ほか（1993）などで，災害に関しては松島（1995）などで事前に学修しておくとよい。

　このコースは日帰りで周回することが可能だが，貸切バスやマイカーが必要である。ここでは北陸新幹線・しなの鉄道軽井沢駅を起点とすることを前提としているが，最後の観察地点を終えたら，吾妻川に沿って関越自動車道の渋川伊香保ICを目指すこともできる。

2 火山地形からみた噴火史
　——六里ヶ原・鬼押出し

　軽井沢駅から峰の茶屋を経て鬼押ハイウェイ（有料）に入り，約2.7 km進むと，六里ヶ原のドライブイン①がある。ここでは浅間火山の山頂方面の地形を観察できる（図3.1.2）。火山地質図と実際の地形を見比べ，どこの地

図 3.1.2　六里ヶ原（地点①）から見た浅間山と舞台溶岩流（2011年5月，大石雅之撮影）

形がいつの噴火の噴出物でできているのか確認することで，浅間火山全体の地形発達の概略を把握しておくとよい。標高2568 mの山頂から1395 mのこの地点までの山体斜面は，繰り返し噴火が発生して噴出物が堆積することでつくられた。山頂からは白色の噴煙がみえるときがある。ほとんど水（H_2O）を主とする気体からなるが，わずかに二酸化硫黄（SO_2）や硫化水素（H_2S）などの成分が混ざる。噴煙が灰色の場合は，火山灰が含まれている可能性がある。右手には，山頂から伸びるごつごつした黒い岩が流れた痕がみえる（図3.1.2）。1783（天明3）年の天明噴火の際に流れた「鬼押出し溶岩流」である。溶岩流の下部にはさらに2枚の溶岩流がみえる（図3.1.2）。上位から「上の舞台溶岩流」「下の舞台溶岩流」で，天明噴火よりも前の天仁噴火（1108（天仁元）年）などの噴出物と考えられている。左手をみると，先ほど通った峰の茶屋付近におわんを伏せた形の丘がみえる。山腹で噴火し，粘り気の多い溶岩流が噴出してできた溶岩ドームで，小浅間山溶岩ドームと呼ばれる。約1.8万年前頃にできたと思われる（早田1995）。軽井沢駅の西方にも同様の溶岩ドームがあり，離山溶岩ドームと呼ばれる。こちらも約1.8万年前の噴火によるものとされている（早田1995）。

六里ヶ原から北西約2.5 kmの鬼押出し②に移動してみよう。ここは六里ヶ原からみえた黒いごつごつした溶岩流の一角に相当する。ここでは浅間園の駐車場から遊歩道を歩くことにする。時間があれば火山博物館を見学してもよい。鬼押出し溶岩の上面に上がると，数mのブロック状のごつごつした溶岩塊が地表を覆っている。安山岩質の溶岩流は通常，流れながらその表面がまず固まり，停止するまでに押されたり引っ張られたりするので表面がブロック状に破砕される。周回コースの北東端あたりに来ると，つり橋の架かった谷がある。地形図をよくみると，ここには北に向かって開いた半円形の凹地があり，そこに鬼押出し溶岩流が流入していることがわかる（図3.1.3）。天明噴火では，山頂付近に降り積もった軽石や火山灰が再び融けて，鬼押出し溶岩流として山体の北側を流下したとされている（Yasui and Koyaguchi 2004）。その一部がこの凹地に流れ込んだ。ここは柳井沼と呼ばれており，ここに溶岩流が流れこむことで何らかの爆発が発生し，溶岩流が岩屑なだれ（囲み記事）となってここから勢いよく北方に流下したと考えられている（山田ほか1993）。その流れは地面を削るほどの勢いがあったらしく，有料道路に沿って削られた地面が谷地形をなしている（図3.1.3）。

3 噴出物層序から見た噴火の推移
——赤川

土取り場の露頭（地層がみえる崖）③で，過去の噴火で堆積した噴出物の上下関係，す

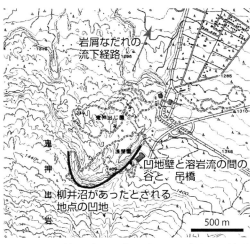

図3.1.3 柳井沼付近の地形（2万5千分の1地形図「北軽井沢」平成21年発行，縮小，一部加筆）

なわち「層序」を観察することができる（図3.1.4）。なお露頭は状況が変化し観察が困難になっている場合もある。また上方からの崩落物や足元に十分注意してほしい。最下部には，明灰色の細かい火山灰の中に直径1 cm前後の白い軽石の粒が混ざる地層がみえる。わずかにピンクがかっている部分もある（口絵5）。これは火砕流（囲み記事）堆積物である。その上には厚さ10 cmくらいで，多数の薄い層をなしている細粒の火山灰からなる地層がある。さらにその上位には，厚さ約1.3 mで，最大粒径約8 cmの黄色の軽石からなる層がある。これら火砕流堆積物，火山灰層，軽石層の間には土壌や侵食の跡が挟まれていないことから，明瞭な噴火休止期がなく多数の種類の噴出物が生産されたことが分かる。火砕流堆積物は小諸第1火砕流（または平原火砕流）堆積物（図3.1.5），降下軽石層は浅間草津軽石（As-K）または嬬恋軽石（YPk）と呼ばれており，約1.5万年前の大規模爆発噴火による堆積物である。この噴火の初期には，山体から東方に拡散した浅間板鼻黄色軽石（As-YP）と呼ばれる降下軽石が噴出し，何度か細粒火山灰の放出が発生しつつ，火山の南北に火砕流が流下し，さらに北東方に拡散

> 火山では，融けた状態の岩石が流れる溶岩流出や，降下火山灰・軽石などを生産する爆発的噴火のほかに，特徴的な現象が発生することがある。
> **火砕流**： 火口から上昇する噴煙が，上昇力を失って地表を這うように流れる現象。火山灰や軽石，岩塊と，高温の火山ガスからなるため，時には数百℃にもなる高温で流れる。速さは100 km/hになることもあるため，非常に危険な現象である。噴出したばかりの高温の溶岩が崩壊して斜面を流れることでも発生する。
> **岩屑なだれ**： 山体が崩れ，その山体を構成していた岩石や火山灰などが斜面を下る現象。火砕流に比べれば温度が低く常温に近いが，やはり高速で岩塊が流下するので非常に危険。火山体は度重なる噴火で，不安定な地層が高く積み上げられていくため，多くの火山で発生する現象である。

するAs-Kが噴出した。一連の爆発的噴火で，噴火様式が何度も変わったのだろう。火山噴火ではしばしば噴火様式を変えながら活動が継続することに注意しなければならないことを，この地層が物語っている。これらの噴出物の上位には褐色や黒色の土壌が堆積してその中にも何枚かの火山灰層もしくは軽石層が挟まっている。最上位には，数十cmクラスの岩塊を含む雑多な構成物からなる，厚さ約3 mの堆積物がある。これは天明噴火の際に鬼押出し付近から流れた岩屑なだれ（囲み記事

図 **3.1.4** 地点③の露頭と，噴出物層序を示した模式柱状図

堆積物で，鎌原岩屑なだれ堆積物と呼ばれている。破砕された溶岩流が地面を削りながら，また岩塊を磨耗させながら流れたため，細かい砂から岩塊まで雑多に含んだ堆積物になった。

4 災害遺構で考える噴火と災害
―― 鎌原観音堂

鎌原は天明噴火の際に，火山から流れてきた流体によって，村民570人のうち実に477人が亡くなったことで知られる（松島 1995）。集落の西側の高台にある観音堂④にいた人は助かったが，ここを目指していた女性2人が石段の下で亡くなったことが，発掘調査による遺体発見で明らかになった。流れてきた流体はしばしば「火砕流」とされているが，数百度の高温のガスと火砕物からなる火砕流が観音堂の麓を通ったら，その熱で観音堂にいた人もまず助からないだろう。そこで現在では，そのような状況証拠や流体の流路の地形などから，岩屑なだれ（または「土石なだれ」）であるとの考え方が広まりつつある（たとえば，井上ほか 1994）。つまり「2. 火山地形からみた噴火史」で述べた通り溶岩流が池に流れ込んで二次的な爆発が発生し，砕かれた溶岩片が高速で流下したと推定されている。鬼押出しから鎌原地区までは，いたるところに黒色の溶岩塊が地表に点在している。直径10 mを超えるようなものもある。これら岩塊はかなり熱い状態で定置したらしいが，岩屑なだれ全体としては，周囲まで熱で焼くほどの高温ではなかったであろう。地点③でみた鎌原岩屑なだれ堆積物も，高温による堆積構造は特にみられない。

鎌原観音堂の石段は現在15段が残っている（図3.1.6）が，発掘調査により，天明噴火前までは50段あったことがわかっている（松島 1995）。厚さ約6.4 mの堆積物が鎌原集落を埋没させたのである。84%の村民が亡くなった鎌原村では，地元の富農によって，炊き出しなどの救済活動が行われ，またたとえば子を亡くした大人と親を亡くした子を一緒にするなど家族を再構成させるといった努力をすることにより，復興に全力を挙げた（井上ほか 2003）。

なおこの鎌原岩屑なだれはさらに北方に流下して吾妻川に流入し，泥流となって中之条，前橋を経て江戸まで達した。吾妻川流域のいたるところにこの天明泥流の慰霊碑や堆積物が残されている。吾妻川の下流域から利根川にかけては，場所によって降下軽石が降ったものの，遠くの山で何が起きているのか直接みることはできないから，自分たちが泥流の被害に遭うとは思ってもいなかっただろう。泥流災害は，はるか遠くの火山噴火によって発生することもあるから油断によって大きな災害に発展する危険がある。

図3.1.5 JR吾妻線大前駅付近から見た吾妻川沿いの小諸第1火砕流堆積物露頭（2009年12月，大石雅之撮影）
北軽井沢が大規模な火砕流台地であることがわかる。

図 3.1.6　鎌原観音堂（地点④）から見下ろした現在の石段（2014年6月，大石雅之撮影）

5　今後の学修課題
──岩石学的特徴からマグマの特徴を考える

　以上のコースで，北軽井沢の地形はおもに繰り返し発生した多様な火山噴火の噴出物でつくられていること，また一連の噴火でもその噴火様式を変化させながら活動が継続しうることが，地層に残された噴出物や地形といった証拠から学ぶことができた。

　今回，噴出物の岩石学的特徴についてはほとんど触れていないが，噴出物中の鉱物の種類や，溶岩地形観察によるマグマの粘性の考察から，浅間火山は主として安山岩質のマグマからなり，溶岩を流出する噴火もあれば，噴石を伴う爆発的噴火も頻発する火山であることを推測できる。つぎの機会にはルーペや実体顕微鏡で，噴出物に含まれる鉱物の種類，岩石の表面形態や組織的な特徴なども観察してほしい。その際にはマグマの化学組成と，その結果生まれる噴出物の特徴との関係を火山の専門書（たとえば，シュミンケ 2010）で学ぶとよい。

　また，この地域には他にも露頭が多数あるので，本コースで扱っていない時代の噴出物についても観察を行ってほしい。これにより浅間火山の数万年間の噴火史を整理してみよう。
　　　　　　　　　　　　　　　　［大石雅之］

参考文献
荒牧重雄（1993）：『浅間火山地質図　1：50,000』地質調査所。
井上公夫・石川芳治・山田　孝・矢島重美・山川克己（1994）：浅間山天明噴火時の鎌原火砕流から泥流に変化した土砂移動の実態。応用地質, 35, 12-30。
井上公夫・古澤勝幸・荒牧重雄（2003）：浅間山の天明噴火。『ドキュメント災害史──地震・噴火・津波，そして復興』群馬県立歴史博物館, 83-94。
早田　勉（1995）：テフラからさぐる浅間山の活動史。『御代田町誌　自然編』, 22-43。
ハンス＝ウルリッヒ・シュミンケ（2010）：『火山学』古今書院。
松島榮治（1995）：鎌原村の発掘。『第五十二回企画展　天命の浅間焼け』国立歴史民俗博物館, 6-9。
山田　孝・石川芳治・矢島重美・井上公夫・山川克己（1993）：天明の浅間山噴火に伴う北麓斜面での土砂移動現象の発生・流下・堆積実態に関する研究。新砂防, 45-6, 3-12。
Yasui, M. and Koyaguchi, T.（2004）: Sequence and eruptive style of the 1783 eruption of Asama Volcano, central Japan: a case study of an andesitic explosive eruption generating fountain-fed lava flow, pumice fall, scoria flow and forming a cone. *Bulletin of Volcanology*, 66, 243-262.

第3章 自然環境の変化やその備えを捉える

3.2 観光地での防災とは何か
――愛知県知多郡南知多町千鳥ヶ浜海水浴場

ポイント
1. 千鳥ヶ浜海水浴場周辺で想定されている津波被害は？
2. 海水浴場からどこに（避難場所）／どこを通って（避難経路）避難すればよいか？
3. 土地勘のない観光客を誘導する場合の課題とは？

コース： 名鉄内海駅①→千鳥ヶ浜海水浴場②→西端区公民館③→千鳥ヶ浜海水浴場②→町民グラウンド④→千鳥ヶ浜海水浴場②→林之峯⑤→名鉄内海駅①（日帰り）

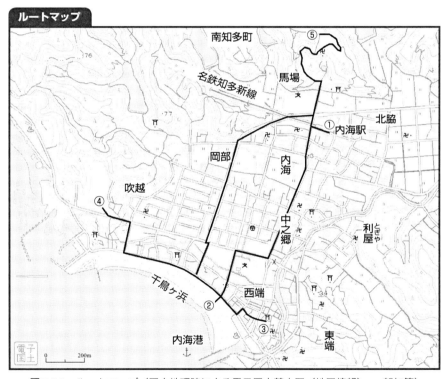

図 3.2.1　ルートマップ（国土地理院による電子国土基本図（地図情報），一部加筆）

1　事前準備

　南海トラフを震源とする巨大地震（以下，南海トラフ巨大地震）による津波被害想定が，2012年に内閣府から公表されたことを受け，大きな被害が見込まれる地域では，津波からの避難計画の見直しや新たな避難計画の策定が必要とされている。津波による被害を直接的に受ける沿岸地域では，地域住民に対する防災計画の改定や避難訓練が活発になっている。加えて，海水浴場などの観光客が多い地

域では，地域住民だけではなく，周辺地域に関する地理的情報をほとんど持たない（土地勘のない）観光客への津波避難対策をどのように行うかについて大きな関心事かつ課題となっている（森田ほか 2014）。地震やそれに伴う津波はいつ発生するかわからない。もしも多くの観光客が当該地域に滞在しているときに津波が発生すると，土地勘のない観光客はどこにどこを通って避難すればよいのかわからず，避難が遅れてしまうことが容易に想像できる。また，避難が迅速に行えたとしても，地域住民だけが避難した場合とはまったく異なる状況が発生することが考えられる。

ここでは，南海トラフ巨大地震による甚大な津波被害が想定される千鳥ヶ浜海水浴場を有する愛知県知多郡南知多町内海地区を目的地としたフィールドワークを事例とし，観光地における防災について地理学的視点からどのようにアプローチできるのかを考えてみる。なお，フィールドワークの実施に際しては，海水浴客の多い夏季に GPS（Global Positioning System）を準備して実施するとより効果的である。GPS により取得したデータの活用方法については後述する。

2　地域概観と想定される津波被害を捉える

南知多町は知多半島の突端に位置し，千鳥ヶ浜海水浴場のある内海地区は伊勢湾に面している。内海地区の人口は 4250 人（2014 年 7 月末現在）であるが，夏季のシーズンピークには 1 日に 1 万人以上の海水浴客が訪れる。地形図や南知多町が発行している津波避難防災マップ（図 3.2.2）をみると，海水浴場周辺はほとんどが標高 10 m 未満となっている。南海トラフ巨大地震により想定される最大の津波浸水深とその範囲（図 3.2.3）をみると，海水浴場周辺地域のほとんどが津波浸水範囲であることがわかる。また，津波到達時間は，地震発生から最短で約 37 分後に津波の第一波が到達すると想定されている。

フィールドワーク前に，地形図に加えて津波浸水範囲を示した地図や南知多町発行の津波避難防災マップを用意し，フィールドワーク中，自分のいる場所の危険性についていつでも把握できるようにしておくとよい。

3　避難場所と経路を観察する

内海駅①に集合しフィールドワークを開始する。まずは千鳥ヶ浜海水浴場②に移動する（図 3.2.4）。いったん，一海水浴客として訪問したときに地震が発生し，津波からの避難が必要になったと仮定し，可能であれば，制限時間を設けて実際に避難を行ってみよう。こうすることで土地勘のない海水浴客がとっさに避難することの難しさ，さらには海水浴客に対する避難誘導の難しさを体感することができるだろう。このとき，もし GPS をフィールドワーク参加者に配布しておくことができれば，海水浴場からの避難の動きを，フィールドワーク後，地図上で視覚的に把握することも可能である。この動きは，実際の災害時の海水浴客の行動記録であると考えることもでき，避難に要した時間や迷った地点などから，海水浴場からの津波避難を考える貴重な資料とすることができる。

(1) **西端区公民館**：　千鳥ヶ浜海水浴場②から最も近い避難場所である西端区公民館③へ移動する。西端区公民館は海水浴場（図 3.2.1 中の②付近）から道路距離で約 350 m の距離にあり，標高は約 12 m の避難場所である。

3.2 観光地での防災とは何か──愛知県知多郡南知多町千鳥ヶ浜海水浴場

図 3.2.2　南知多町内海地区の津波避難防災マップ（南知多町ウェブサイトより引用）

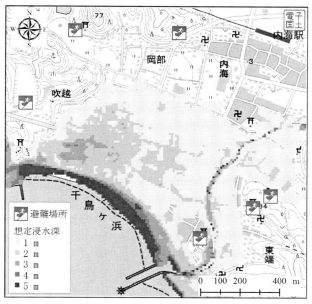

図 3.2.3　海水浴場周辺の想定津波浸水深（国土地理院による電子国土基本図（地図情報），および内閣府の南海トラフの巨大地震モデル検討会が 2012 年に発表した津波浸水域データより作成）

図 3.2.4　千鳥ヶ浜海水浴場（2013 年 7 月，小池則満氏撮影）

フィールドワーク参加者が多い場合は，複数のグループに分かれて，異なる経路を通って移動してみる。移動中は，避難場所を示す案内看板（図 3.2.5）がどこにあるのか，そしてその看板の内容や，大きさ，設置場所は適切かどうか，多くの海水浴客が一斉に通過するために十分な道幅があるのか，地震により家屋が倒壊したり，崖がくずれたりして通れなくなる可能性のある場所の有無といった事柄に着目し，避難途中の経路の安全性や避難行動のボトルネックとなりそうな箇所をチェックしておく。また，海水浴場から避難場所へ到着するまでに要した時間も記録しておく。避難場所到着後に，各グループがチェックした情報を共有し，避難場所までの経路としての課題や改善案を検討する。

西端区公民館到着後は，持参した地図類をみながら周辺の地域住民に加えて 1 万人以上の海水浴客を収容するために充分な広さがあるのかを確認してみる（図 3.2.6）。まず，公民館の建物と敷地のみでは，1 万人以上の海水浴客を収容するのに十分な広さがないことを確認する。図 3.2.6 は 2013（平成 25）年度の海水浴客および地域住民を対象とした津波避難訓練時の様子である。この訓練には約 350 名が参加した。わずか約 350 名が避難した場合であっても，公民館前は図 3.2.6 のように混雑してしまう。さらに，この混雑によって避難場所に到達するまでの経路上では避難行動に滞留が生じることもわかっている（森田ほか 2014）。つぎに，公民館とその周辺は大規模な津波に襲われた場合には島状に孤立してしまうため，更なる高台への避難や救助・救援活動が難しい場所であることを，周辺を歩いて見て回ることで確認する。

(2) **町民グラウンド**：　西端区公民館③から再び千鳥ヶ浜海水浴場②に戻り，町民グラウンド④への避難行動について考えてみる。西端区公民館は上述の通り，十分な広さを有する避難場所ではない。そこで，千鳥ヶ浜海水浴場では海水浴客を町民グラウンドへ誘導することも想定している。町民グラウンドは海水浴場（図 3.2.1 中の②付近）から道路距離で約 1 km の距離にあり，標高は約 12 m の避難場所である。町民グラウンドは，西端区公民館に比べると海水浴場からの距離が遠いため，避難に時間を要するという欠点がある。

図 3.2.5　津波避難場所を示す看板の一例（2014 年 7 月，森田撮影）

図 3.2.6　2013 年度津波避難訓練時の西端区公民館前の様子（2013 年 7 月，小池則満氏撮影）

図 3.2.7　千鳥ヶ浜海水浴場の堤防（2014 年 7 月，森田撮影）

しかし，1万人以上の海水浴客を収容できる避難場所はその他になく，いかにして迅速な避難行動を海水浴客に促すかが重要な課題となっている。

町民グラウンドへの移動は，西端区公民館へと同様にグループごとに異なる経路を利用し，到着後に各グループがチェックした情報をもとに，避難場所までの経路の課題や改善案を検討する。このとき，砂浜から道路へのアクセスについて注目してみる。千鳥ヶ浜海水浴場の図3.2.1の②より西側には堤防があるため，砂浜から道路へアクセスできる箇所が限られている（図3.2.7）。避難時に，海水浴客が一斉に砂浜から道路に向かうと，砂浜から道路にはなかなかアクセスできない状況が発生すると考えられる。特に，道路にたどり着いたところで，避難場所がわからず立ち止まる海水浴客が多くなると，砂浜から道路への移動が滞ってしまい，砂浜で多くの海水浴客が立ち往生することになる危険性を理解しよう。その他の経路上の注意点として，町民グラウンドに到達するまでには交通量の多い国道を横断することが挙げられる。海水浴客や地域住民の中には自動車を使って避難する人たちもいる。国道は避難する車で通行量が多くなるため，そこを徒歩で横断して避難する海水浴客にとってはとても危険性が高くなることも理解しよう。以上のことを考慮した上で，どのような避難経路の設定や誘導の仕方がありうるのかを検討してみよう。

(3) 林之峯： 町民グラウンド④から千鳥ヶ浜海水浴場②に戻り，林之峯⑤への避難行動について考えてみる。林之峯は内海地区の北端に位置し，海水浴場（図3.2.1中の②付近）からの道路距離は約2 km，標高は約60 mの避難場所である。町民グラウンドのように整備された平地ではなく，道路に沿って並んで避難することしかできないものの，内海地区の他の避難場所に比べて，津波浸水時に孤立する危険性がないことや，海から離れる方向に位置していること，二次避難場所となっている中学校に近いといった利点のある避難場所である。また，鉄道を利用して海水浴場を訪問している海水浴客にとっては，駅と同一の方向であることからわかりやすい避難場所ともいえる。しかし，海水浴場からは約2 km離れており，徒歩での避難にはやや距離が長いことや，急こう配の山道を登らなくてはならないことから，海水浴客が徒歩で避難する場所としてはあまり現実的ではないかもしれない。海水浴場から実際に移動してみることで，海水浴場の津波避難場所として適切かどうかを検討してみよう。

西端区公民館や町民グラウンドへの移動時と同様に，避難経路としての課題をチェックしながら移動する。特に，海水浴場から国道へ至るまでの経路のわかりやすさや国道を横断することが避難行動にどのように影響するのかを検討する。

林之峯到着後は，内海地区のほぼ全景をみることができるので，海水浴場周辺は標高が低い平地であり，1万人以上の海水浴客が津波から避難するための場所が限られていることを確認する。

4　今後の学修課題

このフィールドワークでは，南海トラフ巨大地震による津波被害が想定されている海水浴場を対象として，観光地における防災への地理学的視点からのアプローチ方法の例を紹介した。観光地は地域によって多様であるし，想定される災害も異なるため，防災のあり方

も当然一様ではない。しかし，土地勘のない観光客が避難するため，とっさには避難場所やそこまでの経路がわからず，避難が遅れてしまう危険性が高いという点は共通している。また，場合によっては地域住民よりも多い人数の観光客が避難するため，避難場所やそこまでの経路が避難する人で一杯になり，避難が円滑に行えなくなるといったことも共通して考えられる。よって，地域住民だけが避難した場合とは異なる状況を前提として，観光地における防災は考えなくてはならない。

今回，海水浴場周辺でみてきたとおり，土地勘のない観光客の避難に際して，「避難場所やそこまでの経路がわかりやすいかどうか」，「避難場所への案内看板の設置状況は適切かどうか」，「避難経路の道幅はたくさんの人々が一度に通っても混雑しないかどうか」，「地震による建物などの倒壊によって避難経路が使えなくなる危険性があるかどうか」，「避難場所は地域住民に加えて観光客も収容可能な広さかどうか」といった点は，あらゆる観光地における防災対策の基本的な検討事項といえる。それらの検討事項について，現地ではしっかりと観察，記録し，フィールドワーク後に当該観光地における防災の課題として整理してみよう。加えて，土地勘のない観光客を迅速かつ適切に誘導するための方策についても参加者で検討してみよう。特に，今回取り上げた千鳥ヶ浜海水浴場では，砂浜から最も近い西端区公民館だけでは，海水浴客を収容することができないため，町民グラウンドをはじめとするその他の避難場所へも海水浴客を誘導しなくてはならない。複数の避難場所へ海水浴客を誘導するにあたって想定される課題とそれへの対策についても考えてみよう。このように観光客の立場と観光客を誘導

● **GIS**

　地図を閲覧・作成・更新したり，最短経路の探索といった空間的な分析を行ったりするためのコンピュータ・ソフトウェアの総称である。近年では，無償で利用できる GIS ソフトウェアやウェブサイト上で操作可能な Web-GIS も充実しつつある。たとえば，フリーの GIS ソフトウェアとしては QGIS (http://qgis.org/ja/site/)，Web-GIS としては独立行政法人防災科学技術研究所が開発した e コミマップ (http://ecom-plat.jp/) を代表的なものとして挙げることできる。

する立場，両方の視点からどのような防災のあり方が最もこの地域にとって効果的であるのか，参加者間で活発な議論を展開し，観光地の防災についてアプローチすることを期待したい。

以上のようなフィールドワーク後の学修を効果的なものにするために，このフィールドワークは，ぜひ GPS を装着して実施してほしい。実施後，取得した GPS データを GIS (Geographic Information System) により，地形図やハザードマップ（想定されている津波浸水範囲など）といった他の地図と重ね合わせることで，改めて当該地域の抱える課題を把握することが容易になるためである（囲み記事）。GIS を用いて，地形図やハザードマップ上でフィールドワーク時の自身の移動履歴を振り返ることで，現地で考えたことを再検討する，あるいは現地では気づかなかったことを発見するなどして，フィールドワーク後の学修を深化させてほしい。　　[森田匡俊]

参考文献
森田匡俊・小池則満・小林哲郎・山本義幸・中村栄治・正木和明 (2014)：GPS を用いた海水浴場避難訓練時の行動分析──愛知県南知多町を事例として。『地域安全学会論文集』No.23, http://isss.jp.net/isss-site/wp-content/uploads/2014/07/2014-006.pdf（最終閲覧日 2014 年 9 月 10 日）

第4章 社会や暮らしを捉える

4.1 歴史を捉える
――足利における中世文化の展開

ポイント
1. 現在の生活空間の中に，地域の歴史がどのように残存しているかを確かめる。
2. 地域の中で歴史的な遺産がどのように保存・活用されているか考える。
3. 地域に残る歴史的な遺産を，今後どのように活用したらよいか考える。

コース：　東武鉄道足利市駅①→鑁阿寺②→足利学校③→（バス―足利市生活路線バス・徒歩）→水田遺構跡（市立北中学校校地内）④→光得寺⑤→樺崎寺跡・樺崎八幡宮⑥→（徒歩・バス）→東武鉄道足利市駅①・アンタレススポーツクラブ（旧足利模範撚糸合資会社工場）⑦（日帰り）

ルートマップ

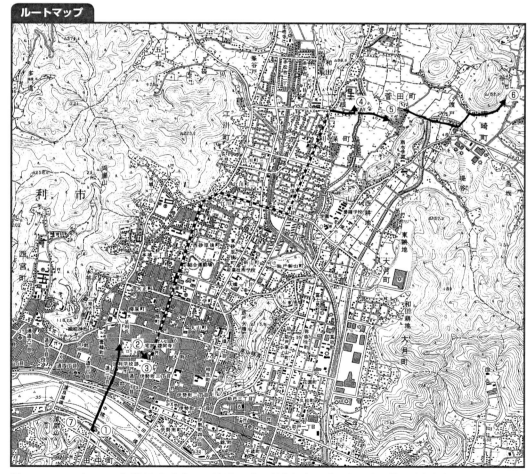

図 **4.1.1** 　ルートマップ（2万5千分の1地形図「足利北部」平成8年発行，「足利南部」平成8年発行，60％縮小，一部加筆）

1　地域の概況と事前準備

　今回のエクスカーションのテーマは，地域に残る歴史的な遺産がどのように残存してきたかを具体的にたどりつつ，最新の歴史研究がもたらした新しい発見も紹介しながら，これらを活用したこれからの地域づくりについて考えてみたい。

　今回取り上げるのは，栃木県足利市である。関東平野の北端，足尾山地の南麓に位置する足利市の基礎的情報は，足利市ホームページで収集しよう。面積は177.82 km^{2}で，2014年8月の推計人口が15万492人である。栃木県内では長く県都・宇都宮市に次ぐ人口規模であったが，国勢調査によれば1990（平成2）年の16万8,217人をピークに人口減少が続き，2005年国勢調査で小山市が，2014年には下都賀郡岩舟町を編入した栃木市が上位となり，現在は栃木県内4番目の人口規模である。1907（明治40）年開通の東武鉄道（足利市駅）により東京と直結し，1888（明治21）年開通の両毛鉄道（現JR両毛線）により北関東の諸都市とつながっている（山田・山崎編 1994）。道路は国道50号線が横断し，近年北関東自動車道が開通した。

　「足利」という名が示すように，室町将軍家の祖・足利尊氏を生んだ中世武士・足利氏の名字の地として，また日本最古の学校である足利学校の所在地として，さらに近世に本格的に展開した足利織物は，近代に入り日本一の銘仙生産高を誇った。第二次世界大戦後，足利の織物産業はトリコット（経編みのニット）を導入することで大きな転換を図った。

　しかし，一時的に好況にわきながらも繊維自主規制ショック，ドルショックなどを経て東南アジア生産への転換が急速に進み，足利の基幹産業としての織物産業は完全に衰退していった。先の人口の減少もこうした産業動向を背景としている。

2　足利の中世を伝える歴史遺産

　中世武士としての足利氏は隣接する上野国（群馬県）新田荘を本貫とする新田氏と並び語られることが多いが，中世史家峰岸純夫氏は新田氏が新田荘内に生活する在地領主であったのに対し，鎌倉幕府の有力御家人であった足利氏が鎌倉に住居を構え常住し，先祖供養や葬祭などで帰国する以外はもっぱら鎌倉で過ごし足利での所領経営は家臣任せであった荘園領主的存在であったとその両者の違いを鮮やかに示した（峰岸 2011）。

　そうしたいわば在地性の弱い足利氏でも，現在に伝わる遺跡が確認されている。

　今回は東武鉄道足利市駅①を起点にエクスカーションを始めることとする。足利市は市街地を東西に渡良瀬川が貫流している。足利市駅からはすぐ渡良瀬川の中橋を渡り旧市街地に入る。1936（昭和11）年に栃木県・足利市・東武鉄道の共同出資で建設したアーチ橋で足利のランドマーク的存在である。ほどなく鑁阿寺②に到着する。市民からは「大日様」として親しまれている寺である。鑁阿寺は足利氏の祖である足利義兼が居宅とした館に，義兼没後その子義氏が「堀内御堂」を建立し，足利氏の氏寺としたもので，周囲には約2町（200 m）四方の堀がめぐっている（図4.1.2）。中世武士の館としての姿をよく理解できる。

　鑁阿寺は，明治初期の廃仏毀釈政策のもと衰微するが，地域の仏教寺院連合体である足利仏教和合会が中心に寺院再建を進めた。そ

4.1 歴史を捉える——足利における中世文化の展開

図 **4.1.2** 鑁阿寺の太鼓橋と外構（2014 年 9 月，阿由葉撮影）

図 **4.1.4** 足利学校整備状況（2014 年 9 月，阿由葉撮影）

図 **4.1.3** 鑁阿寺本堂（国宝指定）（2014 年 9 月，阿由葉撮影）

の結果 1908（明治 41）年に本堂（図 4.1.3）と鐘楼が，特別保護建造物（現行法：重要文化財）に，1914（大正 3）年には所蔵する青磁花瓶，香炉が国宝（旧法，現行法：重要文化財），1922（大正 11）年には境内全体を足利氏邸宅跡として国史跡にされた。戦後，1957（昭和 32）年には境内を整備し市民公園「大日苑」がつくられるなど，地域に親しまれ地域の力でその保護がなされてきたといってもいい。

鑁阿寺の南東には足利学校③がある（図 4.1.4）。創建年代は諸説があるが室町時代に鑁阿寺南東の現在地に移転したという。足利学校は庠主（校長）のもと，特に戦国時代は全国から数多くの学徒が集まり「坂東の大学」として

著名であったが，江戸時代には昌平黌を核とした幕府の政策の中で衰微していったようである。1871（明治 4）年には廃校となり，敷地東半が小学校用地（東尋常小学校）となった。学校としての機能は廃校となったが足利学校には数多くの古典籍を所蔵していた。1897（明治 30）年には足利学校遺跡保存会が結成され，学校遺跡の公有地化を進め，1903（明治 36）年には足利学校遺跡図書館が設置され，学校遺跡と古典籍保護の態勢が整備された。1921（大正 10）年には国史跡となっている。現在古典籍の一部は国宝となっている。

1970 年代に入り旧学校敷地にあった足利市立東小学校の移転が検討され，1982（昭和 57）年には移転が完了したことから，足利学校では発掘調査ともなう保存整備事業が始まった。調査では近世の建物跡，門跡，庭園跡，堀・土塁跡が明らかになり，中世まではさかのぼらないまでも足利学校の往時の姿が明らかになった。この成果をもとに庭園や外構の整備が進められることになった。

3 足利の中世史の衝撃的発見

足利学校の東縁には，第二次世界大戦中の

地域の集団移転と戦後の戦災復興道路として整備された昭和通りが南北に貫通している。実は足利学校の整備事業による発掘調査は，この道路が遺構の一部を破壊してしまったことも明らかにした。片側2車線の昭和通りは，現在足利学校東縁部のみ変則的1車線になっている。史跡整備と住民生活の利便性ということでは考えさせられる事例ともなっている。

「足利学校東」バス停から足利市生活路線バスに乗車し，10分ほどで「北郷支所前」に到着する。ここから東に向かい歩いて行くと左手に市立北中学校④がみえる。1980年代に統合中学校としてこの地に新設される際発掘調査が行われ，見事な水田遺構が現出した。足利では早くに日下部高明氏がその条里遺構の存在を明らかにしてきたが（日下部1975），ここで住居跡や稲作用具とともに3～6世紀とされる水田跡が発見されたことは画期的なことであった。栃木県内初の発見となるものであった。「菅田西根遺跡」としてその水田跡には高床式の武道場が建設され，水田跡の一部が復元保存されている。なお，同遺跡は学校校内であるため，見学では事前に連絡と許可を要する。名草川を渡ると光得寺⑤である。

1980年代の後半，ある大学で美術史を専攻する学生がその卒業論文のための調査でこの光得寺を訪れた。仏像に関心があったその学生は，光得寺の厨子の中の仏像に惹き付けられた。その像容にただならぬものを感じたのだろうか。学生はすぐ指導の教員に報告するも絵画が専門のその美術史家は当時東京国立博物館の山本勉氏に連絡した。仏像研究者の山本氏を中心とした調査チームにより調査されることとなり，一連の調査によりこの仏像が運慶作の可能性が示され，後の科学的分析も経て，その可能性が極めて高いことが明らかになった。そして，鑁阿寺に伝わる最古の縁起とされる室町時代の「鑁阿寺樺崎縁起並仏事次第」に足利義兼発願の二体の大日如来像造が記されていることから，この記録にあるものの可能性も出てきたのである（山本1988，橋本・千田編2005）。

光得寺は後述する樺崎寺の末寺であった関係から，樺崎寺の下御堂と赤御堂にあった大日如来像のうち赤御堂のものが神仏分離令以後光得寺に移ったものとされた。しかし，下御堂の大日如来は行方不明であった。2004（平成16）年，とある個人が古美術商を通じ購入した仏像が光得寺大日如来に酷似することから調査が行われ，それが下御堂の像であることが判明した。

しかしこの像は2008（平成20）年にアメリカの著名な美術品オークションに出品されることになってしまった。そして，貴重な文化財の海外流失を防ごうと全国から一万人を越える署名が集まるという事態となった。結果，日本国内の宗教団体が高額で落札するに至った。海外流出も所在不明にもなることなく運慶作とされる二体の大日如来はともに国指定重要文化財に指定され，現在東京国立博物館に寄託保管されている（栃木県立博物館2012）。光得寺にはこの他足利氏とその家臣高氏の中世五輪塔群が保存されている（現在は修復作業中）。

光得寺から，歩くこと15分，樺崎寺跡・樺崎八幡宮⑥に着く。鑁阿寺からは東北に約5km，山に囲まれた足利の奥座敷に当たるこの地に足利義兼が別邸を設け隠棲し，足利氏の菩提寺・樺崎寺を建立し浄土式庭園も造った。義兼没後にはその遺骸を埋葬し朱塗りの堂が建立され赤御堂と称した。これが現在の樺崎八幡宮に当たる（図4.1.5）。1983（昭和58）年以来，全面的な発掘調査が行われ，八

図 **4.1.5** 樺崎八幡宮（2014年9月，阿由葉撮影）

図 **4.1.7** 調査のうえ復元された庭園（2014年9月，阿由葉撮影）

図 **4.1.6** 発掘された建物礎石跡（2014年9月，阿由葉撮影）

幡山を背にした数多くの建物群の存在や（図4.1.6），浄土庭園とともに平安〜鎌倉にかけ東国武士の間で流行したといわれる寺院の姿も明らかとなり，1998（平成10）年には国指定の史跡となった。2008年には第Ⅰ期の保存整備事業が完了し，現在も史跡整備が進められている（図4.1.7）（大澤2010）。

時間に余裕があればここから徒歩で1時間強で市街地に戻る。足利の地が関東平野のまさに野のほとりであることを実感させてくれる散策となる。1日徒歩コースであるので，通常は足利市生活路線バスで出発の足利市駅に戻ることとする。

ここでせっかくなので駅にほど近いアンタレススポーツクラブ⑦を訪ねたい。淡く緑が

かった大谷石を積み上げた壁にのこぎり屋根が特徴のこの建物は，1902（明治35）年に建てられた旧足利模範撚糸合資会社の工場である。織都として栄えた足利では，1970年代以降の繊維不況のなかで古い工場が次々と取り壊されるなかで，地域の産業遺産の保存を求める市民の声があがり，1985（昭和60）年にスポーツクラブに転用され保存されためずらしい例となっている（足利市教育委員会2004）。

4 今後の学修課題 ——地域に残る歴史的な遺産の活用と地域振興

足利では，「室町幕府を興した足利氏……」といったことから，「古都・足利」あるいは「東の京都・足利」といわれることが多い。しかし具体的にみると，鑁阿寺と足利学校のいわば二枚看板のみでしか語られていなかったきらいがある。近年は市内に所在する著名な植物園施設の宣伝効果もあり，足利を訪れる観光客が増えていると聞く。

基幹産業としての足利織物の存在を失った足利では，深刻な中心市街地の空洞化が進行していったが，そうした動きと時を同じくして，地域の歴史を塗り替えるような新しい発

見が続いたことは画期的なことであった。実はそうした新しい発見のなかに新たな観光資源としての可能性がひそんでいることを想起せざるをえない。こうした地域に残る歴史的な遺産をどのようにこれからの地域づくりの中で活かしていけばいいのか。地域の歴史や文化を，そこに暮らす地域住民が誇りを持てるような地域づくりをどう展開していくか。ただ古いから価値があるといったステレオタイプの発想のみでは不十分であろう。

足利ではこうした中世足利氏に関わる遺産で世界遺産登録を目指す動きがみられ，2007（平成19）年に「足利学校と足利氏の遺産」をかかげ世界遺産として正式に提案がなされた。しかし，採択されることなく，暫定リスト入りの前段階となる「カテゴリー1a」に次ぐ「同1b」にランク付けされた。現在では「近世の教育遺産」として足利学校と茨城県水戸市の弘道館，大分県日田市の咸宜園との共同提案の連携を模索しているようである。

「学都」「織都」「古都」のそれぞれの持つ意味を再検討しながら，足利氏ゆかりの足利の町の将来像を考えてみたいものである。

［阿由葉　司］

参考文献
足利市教育委員会（2004）：『足利市の近代化遺産　足利市近代化遺産調査報告書』足利市教育委員会。
大澤伸啓（2010）：『樺崎寺跡』同成社。
日下部高明（1975）：足利市における条里遺構について。地理学評論，48，128-135
栃木県立博物館（2012）：『足利尊氏』栃木県立博物館。
橋本澄朗・千田孝明編（2005）：『知られざる下野の中世』随想舎。
峰岸純夫（2009）：『足利尊氏と直義』吉川弘文館。
峰岸純夫（2011）：『歴史の旅　太平記の里　新田・足利を歩く』吉川弘文館。
山田安彦・山崎謹哉編（1994）：『歴史のふるい都市群2——関東の都市』大明堂。
山本　勉（1988）：足利・光得寺大日如来像と運慶。東京国立博物館紀要，23。

第4章 社会や暮らしを捉える

4.2 台地の開発からみた土地利用変化を捉える
―― 所沢での土地利用から探る

ポイント
1. 人間は台地をどの様に開発してきたか。
2. 所沢周辺の台地の利用の移り変わりの特徴は何か。
3. 各時代における土地利用の特徴を捉えるポイントは何か。

コース：　西武鉄道所沢駅西口①→ファルマン通り交差点②→所沢銀座③・④→有楽町⑤→所沢航空記念公園・所沢航空発祥記念館⑥→中富⑦→上富・旧島田家住宅⑧→通信販売企業物流センター⑨→東武鉄道鶴瀬駅西口（日帰り）

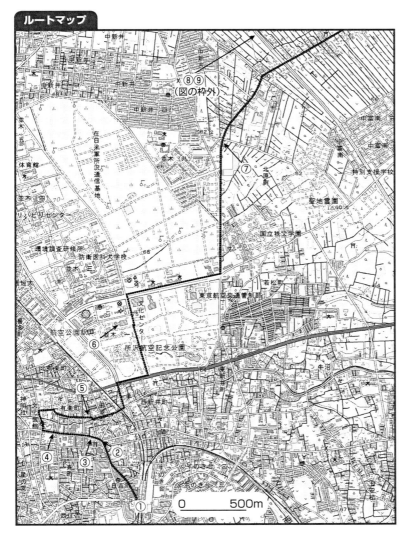

図 4.2.1　ルートマップ（国土地理院による電子地形図25000, 縮小, 一部加筆）

1 事前準備

　埼玉県の南西部に位置する所沢市は，鎌倉街道と小金井街道が交差する場所にある。江戸時代には，新田開発が盛んになり，この地域の特徴的な景観が形成された。高度経済成長期以降は，東京都心までの近接性を背景として，宅地開発が盛んになった。これらの変化には台地の性格が密接に関わりを持っている。今回のエクスカーションでは，台地の利用が農業的土地利用から都市的土地利用へと変化していく過程を探りたい。

　2014年8月の所沢市の人口は約34万人（県内4位），世帯数は約15万世帯，面積は約72 km^{2}である。1895（明治28）年に久米川と川越間に川越鉄道が開通し，所沢にはじめての駅ができた後，開発が進み，人口が増加している。埼玉県西部の中心的な都市となっている。

　現地に赴く前に，最新の2万5千分の1地形図の「所沢」，埼玉県営業便覧（囲み記事）の「所澤町」のコピーを用意しよう。また，埼玉県営業便覧から，どのような業種の店が多いか確認し，当時の商店街の性格を把握しておこう。

2 中心都市所沢の変化は何か
——所沢駅から所沢銀座まで

　西武線の所沢駅西口①からエクスカーションを始めよう。駅前のロータリーを囲むように，西武百貨店，全国展開している飲食店や小売店，不動産屋，語学学校，進学塾が目に入る。ロータリーからプロペ通りを過ぎ，小金井街道へと向かう。プロペ通りには，全国展開している居酒屋，コンビニ，カラオケ，携帯電話ショップ，貴金属店，ドラッグストアや，メガバンクの支店がみられる。プロペ通りがゆるく左にカーブすると，小金井街道沿いに建てられたタワーマンションが目に入る。

　ファンルマン通りの「ファルマン通り」交差点②を左に進み，所沢銀座通り（小金井街道）へ至る（図4.2.2）。この交差点からみえる「飛行機新道」は，飛行場と所沢駅を結ぶために設けられたものである。所沢銀座通り沿い③にはタワーマンションが多く建てられ，商店街という印象を強くは受けない（図4.2.3）。しかし，近世期には，「六斎市」（所沢では3と8のつく日に開かれた市）が開かれ，そこでは生活必需品や農産物，農閑余業による物産が取引されていた。埼玉県営業便覧によれ

● 埼玉県営業便覧

　谷・飯田（2006）によると，「『埼玉県営業便覧』は，1902（明治35）年に全国営業便覧発行所から発行された。その内容は，①名所・店舗などの写真，②広告，③町ごとの地誌，④町ごとの道路に沿った店舗業種と商店主名の町並図からなっており，冊子の大部分は42町1村分の④からなっている」とあり，当時の町の様子を知るための重要な資料である。なお，『埼玉県営業便覧』の復刻版が県立図書館や市町村立図書館に所蔵されているので，複写できる。

図4.2.2　ファルマン通り交差点から所沢銀座方面を見る（2014年9月，松尾撮影）

図 4.2.3 所沢銀座通り（2014年9月，松尾撮影）

図 4.2.5 有楽町の辺りにある飲食店（2014年9月，松尾撮影）

図 4.2.4 所沢銀座の商店（2014年9月，松尾撮影）

ば，明治30年代前半のこの通り沿いには織物仲買商や綿糸商，綿商，呉服商など織物に関わる商店の多いことが読み取れる。それは，この地が農家の副業として取り入れられ，六斎市で取引された「所沢織物」の集散地であったことを意味している。

埼玉県営業便覧を片手に通り④を進んでいくと，穀商や薬局など，それに記載されている数軒の商店が現存している（図4.2.4）。さらに，2000年頃のゼンリンの住宅地図と照らし合わせてみると，2000年の時点では20軒ほどの商店や個人住宅が残存しており，この十数年での変化の大きさがわかる。

金山町の交差点まで進んだら，元町の交差点へ向けて戻る。元町の交差点から琴平公園方面へ移動し，小金井街道の北側の裏町通りへと行く。埼玉県営業便覧に記載されている醤油製造業と薬王寺の前を通りすぎ，東川の

北の裏町通りを東へ行くと，このあたりが有楽町⑤である。有楽町には，料亭や置屋などが並んでいたといわれている。織物商や所沢陸軍飛行場の軍人たちが集ったのであろうか。現在では，数軒のスナックがひっそりとあり，これが往時の名残といえるのであろうか（図4.2.5）。

3 航空の歴史から地域を捉える
――所沢航空記念公園と所沢航空発祥記念館

有楽町から西武新宿線の下をくぐって所沢航空記念公園へと進むと，国道463号線の「西新井町」交差点に至る。目の前に広がる所沢航空記念公園は，1911（明治44）年に臨時軍用気球研究会所沢試験場が開設され，その後に所沢陸軍飛行場となった場所である。飛行場には平坦で広大な土地が必要なため，その確保が比較的容易なこの台地が選ばれたのである。

所沢陸軍飛行場は，第2次世界大戦後に米軍に接収され，1971（昭和46）年に約6割の面積が返還，その後も順次返還されたが，現在も約3割の面積（97万 m^2）が返還されていない。返還されていない部分には米軍所沢通信基地が置かれている。2012年にこの部分を東西に横切る道路を整備するため，米軍

用地の返還が決定した（所沢市HP 2014）。

1971年以降に返還された部分には，この公園をはじめとして所沢市役所，所沢市民体育館，所沢航空発祥記念館，所沢市民文化センター，所沢市生涯学習センター，所沢警察署，所沢郵便局，小中高校などの公共施設が集積している。さらに，防衛医科大学校，国立障害者リハビリテーションセンターなどの医療施設，UR都市機構や県営・市営の住宅，雇用促進住宅なども立地しており，その景観は整然としている。また，東京航空交通管制部も位置しており，東北地方から中国地方までの広大な空域の航空交通管制を行っている。21世紀のこの地に飛行場はないが，日本の航空交通の重要な役割が日本の航空発祥の地に置かれていることに感慨深いものがある。

公園内の所沢航空発祥記念館⑥に入館しよう（図4.2.6）。エントランスホールの床には，この地域の衛星画像が貼られている。この画像を使って，今日のルートを確認してみよう。航空機に興味のある方は，館内に展示されている機体に目が行くであろうが，そのまま2階へと進んでほしい。ここには，1909（明治42）年12月に陸軍の徳永少佐と岩本技師が，飛行場用地を調査した際の地形図が展示されている。持参してきた2万5千分の1「所沢」の地形図と比較しよう。展示されている地形図の図歴は，その左側やや上に記載されており，明治30年修正とある。まずは，市街地の広がりを比較する。東京都心への近接性を背景とした住宅地開発がどのような場所で行われたのか，一目瞭然である。展示されている地形図には雑樹林や畑の地図記号が卓越している。これは，この地域の農業の営みを端的に表すものである。さらに，展示されている地形図の地名に注目すると，安松新田，所澤新田というように，近世期に成立した新田集

図4.2.6 所沢航空発祥記念館（2014年9月，松尾撮影）

落が確認できる。上富村，下富村も同様に新田集落である。また，南永井村の名主であった吉田家は，この地域で甘藷（サツマイモ）栽培を始め，近隣に広めていったと伝えられている（所沢市立所沢図書館HP 2014）。所沢ではサツマイモ栽培が盛んであるが，その端緒となった村である。

4 新田集落を歩く
——航空公園から三富新田まで

「航空公園駅」交差点から「航空交通管制部前」交差点を結ぶ道を東へ進み，「航空交通管制部前」交差点を左折し県道56号線へ進む。左手にはフェンスに囲まれた米軍所沢通信基地がみえる。さらに進むと左手に浄水場，URや県営などの住宅が，右手にファーストフード店，コンビニエンスストア，スーパーマーケットなどの店舗がある。

北へ向かっていた県道56号線が北東方向へゆるくカーブするあたりが，安松新田の集落である。ここから先に，新田集落が続いていく。付近には，月に4日だけ開館している中富民俗資料館がある。館内には農機具や生活用具などが数多く並べられている。その中に，第2次世界大戦期にこの地域につくられた掩体壕の分布図がある。それらは，ほとん

どが取り壊されてしまったそうであるが，台地上の新田集落と飛行場との関係性を示すものである。

県道 56 号線の「中富」の交差点⑦を過ぎると，三富新田の典型的な土地利用がみられる地域となる。左右に屋敷林を有した屋敷地，その奥には耕地（畑地），さらに奥には雑木林が広がっている（図 4.2.1）。屋敷地にはタケ，スギ，ケヤキなど，雑木林にはナラ，アカマツなどが植えられて，生活や農業に利用されていた。一帯の農地は規則的に地割され，この地域の典型的な新田集落の景観を維持している。近世期に人口増加による食料生産の必要性や水利の確保が可能になったことなどを背景として，この地域は秣場（まぐさば）や入会地（いりあいち）から新田集落へとその景観を変化させていったのである。三富新田（さんとめしんでん）は，川越藩の藩主であった柳沢吉保（やなぎさわよしやす）によって開拓が進められた。

5 新田集落の変化 ——三富新田とその周辺

県道 56 号線の南側には，日本大学藝術学部所沢キャンパスがみえる。この辺りはエステシティ所沢として 1980 年代以降に開発が進められた地域である。戸建てとマンションが整然と並んでいる。台地上に大学のキャンパスを設置したり，新興住宅地を開発したりすることは，その利用の典型的な事例である。

県道 56 号線を進んでいくと，屋敷地にはさまれるようにコンビニエンスストアや工場，倉庫，工務店などがみられる。「上富」の交差点の手前左手には，オフィス向け用品などの通信販売を手がける企業，各種運輸事業を手がける企業の大きな物流センターが見える。開拓景観が維持されているようにみえる三富新田ではあるが，観察してみると土地利用の

図 4.2.7 旧島田家住宅（2014 年 9 月，松尾撮影）

変化を読み取ることができる。農業を生業としない，または雑木林からの肥料を必要としない農業を営むようになると，その必要性が低下した。さらに，相続税や管理などの問題から，雑木林や農地を手放す事例もみられるようになり，それに伴ってこの地域の景観も変化している。

「上富」の交差点を左折し，旧島田家住宅⑧を訪れてみよう（図 4.2.7）。移築復元された茅葺（かやぶき）屋根の民家がある。屋敷内には，竹で作られた大きなカゴがある。このカゴは雑木林の落ち葉で堆肥をつくる際に運搬用に利用されたものである。落ち葉でつくられた堆肥を屋敷の近くに置き，そこをサツマイモの苗床にしたのである。旧島田家住宅近くの小学校の裏手に回ってみよう。眼前には広大な農地と雑木林，左手には先ほど県道から確認できたオフィス向け用品などの通信販売を手がける企業の物流センター⑨がみえる（図 4.2.8）。9 月から 10 月にかけては，甘藷（サツマイモ）の収穫の様子をみることができる。ところどころ，畑の境界にはチャノキが植えられているのを確認できる。

最後に，「上富小学校」停留所から「鶴瀬駅西口」行きのライフバスに乗車しよう。途中，鶴瀬駅までの県道 334 号線で台地を下り，所沢の台地の利用を観察するエクスカーショ

図 4.2.8　台地の農地と雑木林（2014 年 9 月，松尾撮影）

ンは終わりになる。

6　今後の学修課題
―― 台地の利用の移り変わりからみえるもの

　所沢での台地の利用はどのように変化してきたのであろうか。台地は秣場や入会地として利用されてきた。近世期には，新田集落の開拓によって，人々が居住し生業を営むようになった。明治期には，広大な陸軍の飛行場が建設され，後に米軍の基地となった。米軍から返還された旧飛行場の区域は，公共施設が多く立地した。新田集落として開拓された地域では，バブル期以降，農地や雑木林からの転用が進展し，住宅地や工場，物流センター，大学などが建てられた。同地域では，今でも開発が進んでいる。

　今回のエクスカーションでは，所沢を事例として台地の利用の移り変わりをみてきたが，他地域の台地ではどのような利用がみられるのであろう。たとえば，埼玉県の櫛引台地では，第 2 次世界大戦後に農地の開拓が進められ，現在でもその景観が色濃く残っており，近世期に開発された所沢とは異なっている。また，第 2 次世界大戦後に陸軍の飛行場が何に転用されたのかという視点でみると，熊谷の陸軍飛行場のその後の利用は所沢と異なっている。他地域との比較によって，所沢の地域性をより明確に描き出すことができる。各地を訪れ，そこに刻まれた人間の営みをみてみよう。

［松尾忠直］

参考文献

谷　謙二・飯田貴美子（2006）：『埼玉県営業便覧』の資料的特性と明治期の埼玉県における中心地の機能と分布。埼玉大学教育学部地理学研究報告, 26, 1-39。

所沢市 HP（2014）：米軍所沢通信基地の東西連絡道路用地の返還合意について。https://www.city.tokorozawa.saitama.jp/kurashi/index.html（最終閲覧日 2014 年 9 月 29 日）

所沢市立所沢図書館 HP（2014）：所沢の足跡――民俗編。http://lib.city.tokorozawa.saitama.jp/history/history_imo.html（最終閲覧日 2014 年 9 月 29 日）

第4章 社会や暮らしを捉える

4.3 横浜を歩いて地域人口の特徴を考える

ポイント
1. 景観や土地利用から，地域人口の属性や特徴を考える。
2. 臨海工業地域の人口吸引について考える。
3. 大都市郊外住宅地域の人口特性を考える。

コース： JR弁天橋駅①→鶴見区仲通商店街②→鶴見区役所③→JR鶴見駅④→（JR京浜東北線）→JR東神奈川駅⑤→（JR横浜線）→JR・東急長津田駅⑥→（東急田園都市線）→東急田奈駅・東急多摩田園都市まちづくり館⑦→田奈駅周辺の住宅街⑧（日帰り）

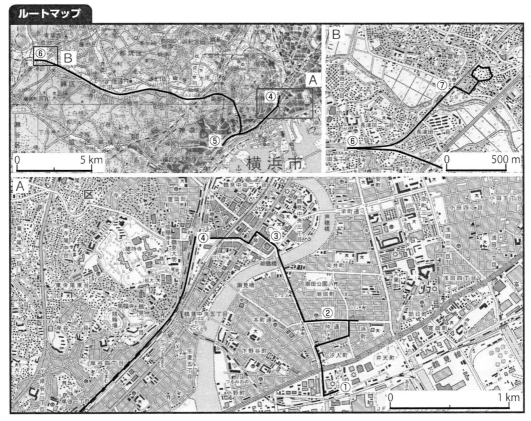

図 **4.3.1** ルートマップ（左上：20万分の1地勢図「東京」平成10年発行，縮小，一部加筆．右上：2万5千分の1地形図「荏田」平成21年発行，縮小，一部加筆．下：2万5千分の1地形図「川崎」平成21年発行，縮小，一部加筆）

1 事前準備

本エクスカーションでは,「地域人口」という見方から地域に暮らす人々の特徴を考察してみよう。

地域人口に関するデータは,地域に関する情報として最も基本的なものの1つであり,役所や図書館,インターネットなどを活用すれば,比較的容易に情報を得ることができる。しかし,巡検で景観や土地利用を観察しても,そこから直接的に人口の特性を理解することは,実はなかなか難しい。それは,地域人口の特徴は都市の高層ビルやショッピングモール,工場や農業施設のように物理的な存在として地表面に現れるわけではなく,地域に暮らす人々の属性や行動を反映する形で,地表面に現れるためである。たとえば,カリフォルニア州のロサンゼルス市内のある地区では,アパートの入居者募集の看板に大きく描かれているのはハングル文字であった。これは,ロサンゼルス市における韓国からの移民の増加を反映した景観であり,このことから,私たちはロサンゼルス市における人口構造の変化を読み取ることができるだろう。つまり,地域人口の特徴は地表面に直接的に現れるわけではなく,景観や土地利用に反映されており,私たちはその間接的な情報を読み解く必要がある。巡検を通して地域人口の特徴を把握するためには,常にそこに暮らす人々の姿を思い浮かべ,想像しながら歩くことが重要である。

本節では,巡検を行う都市として横浜市を取り上げることとした。横浜市は,1859(安政6)年の開港を契機に大きく発展した都市であることは周知の通りである。中華街や外国人墓地などに象徴される外国人の流入や,国際貿易の拠点としての横浜港,京浜工業地帯の一角をなす臨海工業地域,横浜駅周辺やみなとみらい地区の商業集積など,様々な側面を持つ。このような様々な機能の発展と共に,横浜の人口は急激に増加した。市制施行時(1889(明治22)年)に12.2万であった人口は,周辺町村の合併などもあり増加し,現在の市域となった1939(昭和14)年までに86.6万人に達した。人口は第2次世界大戦中に若干減少したが,戦後は増加傾向が続いた。1978(昭和53)年には大阪市の人口を上回り,東京23区に次ぐ人口を有する大都市となった。2010(平成22)年の国勢調査による人口は現在の市域となった1939年に比べ約4.3倍の368.9万人に達している(同期間に日本の人口は約1.8倍増加した)。

本節では,横浜市の中でも鶴見区および青葉区に焦点を当てる。鶴見区は,大正期における臨海部の工業化以降,工場労働者が流入し,横浜市の人口増加に大きく寄与した。特に1920年代・30年代には横浜市の中でも最も大幅な人口増加を経験した(松林 2009:104)。一方青葉区は,第2次世界大戦後,東京大都市圏の拡大に伴い東京の郊外住宅地域として発展した地域であり,1960年代以降の横浜の人口増加をもたらした地域である。この2つの地域を歩きながら,横浜の人口増加の背景や人口増加が地域に与えた影響を考えてみよう。

事前の準備として,国勢調査や横浜市統計書などを参照して,横浜市の人口の年齢構成や外国人割合などを検討してみよう。横浜市の統計課のウェブページでは,様々な統計情報からコロプレスマップを作成できるインターネットGISが利用でき,考察に有用である。さらに,インターネットで新旧の地形図を比較できる「数値地図 on the Web」やGoogle

Earth などを用いて，鶴見区および青葉区の土地利用の変化や現状を確認しておこう。

2 臨海工業地域への人口流入を考える

JR鶴見線の弁天橋駅（鶴見区弁天町）①から巡検を始めよう。弁天橋駅の南側（海側）に広がる土地は，かつては海であった。JR鶴見線の路線は，かつての海岸線に沿うように走っている。大正期以降，浅野總一郎や安田善次郎により開発が進められ，工場が建設された。現在も，駅の周辺には広大な敷地を有する造船所や工場が広がる（図4.3.1）。

弁天橋駅から旭硝子の工場の脇を抜けて，鶴見駅の方向に歩いていこう。戸建て住宅や3階建て程度のアパートなどが並んでいる。鶴見駅東口側のこの地域は，臨海工業地域で就業する人たちの居住の場として人口を吸引してきた。この地区を歩いて気づくのが，沖縄に関係する店舗の多さである。仲通商店街②には，鶴見沖縄県人会のビル（鶴見沖縄県人会館）があり，この1階部分には沖縄の食材や民芸品などを扱う小売店舗と沖縄料理を提供する飲食店が入っている（図4.3.2）。その数件隣のビルには，沖縄そばやサーターア

ンダギーの製造所がある（図4.3.3）。このビルの入口には，県人会婦人部の活動予定などが掲示されている。つまり，この地域は沖縄の物品や料理の製造と提供に加え，沖縄県出身者のコミュニティ活動の拠点としても機能しているといえよう。

先に触れたように，鶴見川の河口付近は大正期に埋め立てが行われ，工業地域となった。このことが日本各地から工場労働者を引きつけ，沖縄からも多くの労働者が流入した背景となっている。その流れは1910年代に始まり，第2次世界大戦を経て高度経済成長期に至るまで継続され，沖縄出身者のコミュニティが形成された（福田 2009）。仲通商店街に見られる沖縄関係の商店や飲食店は，臨海工業地域の発展とそれに伴う労働力の吸引が密接に関わった景観なのである。

沖縄関係の店舗と同時に気づくのが，南米系の飲食店の存在である（図4.3.4）。鶴見区は，横浜市の中で中区に次いで外国人の多い区であるが，その多くは鶴見駅の東口側に分布している（平井 2008）。鶴見区における外国人の国籍に注目すると，中国や韓国・朝鮮出身者のみでなく，フィリピンやブラジル出身者も一定の割合を占めている。特にブラジル人は，横浜市全体の約半数が鶴見区に集中して

図 **4.3.2** 鶴見区仲通町の沖鶴会館（2014年9月，平井撮影）

図 **4.3.3** 鶴見区仲通町の沖縄料理製造所（2014年9月，平井撮影）

図4.3.4 鶴見区仲通町のブラジル料理店（2014年9月，平井撮影）

図4.3.5 鶴見区区役所内のパンフレット置き場（2014年9月，平井撮影）

いる。このブラジル人の集積が，仲通地区を中心とする鶴見駅東口側におけるブラジル系の飲食店の分布をもたらしていると考えられる。

工業地域におけるブラジルやペルーなどの南米諸国からの日系人の流入は，群馬県の大泉町や静岡県の浜松市などでも知られているが，鶴見の特長は，沖縄出身者間のネットワークが南米出身者の増加をもたらした点にある（福元2008，福田2009）。ブラジルなどの南米諸国における沖縄出身の日系移民やその子孫が日本での就業先を決定する際に，1910年代から沖縄出身者の流入が続きコミュニティも形成されている鶴見が，ブラジルをはじめとする南米からの移民の重要な受け入れ地となったのである。つまり，仲通地区周辺における沖縄関連の店舗や南米料理の飲食店の集積は，大正期から始まる臨海部の開発と，そこで働く人たちを受け入れてきた鶴見の歴史が現れた景観といえる。

潮鶴橋を渡り国道15号線に向かって歩くと，鶴見区区役所③がみえてくる。その館内で配付されているパンフレットは，英語の他に，中国語，朝鮮語，タガログ語，ポルトガル語，スペイン語のものがある（図4.3.5）。臨海工業地域は，多くの労働者を引きつけることによって鶴見区（横浜市）の人口増加をもたらしたのみでなく，人口構造の多様化をもたらしたのである。

鶴見駅④からは，京浜東北線で東神奈川駅⑤まで移動し横浜線に乗り換えよう。横浜線の長津田駅⑥で東急田園都市線に乗り換え，田奈駅⑦に移動しよう。

3 大都市郊外住宅地域の人口特性を考える

東急田園都市線の梶が谷駅から中央林間駅までの沿線の大部分は，東京急行電鉄株式会社（東急）によって開発された多摩田園都市に当たる。東急田園都市線は地下鉄の半蔵門線と直結することで多摩田園都市と東京都心を直結している。様々な施設が集まるたまプラーザ駅と渋谷駅を急行で約20分，田園都市の西端に位置する中央林間駅と渋谷駅を急行で約35分で結んでいる。この地域の開発は，第2次世界大戦直後に五島慶太が提唱したものであり，東京の人口増加に対応するために郊外に新たな都市を建設することを目指したものであった（東京急行電鉄株式会社田園都市事業部編1988）。この構想は1950年代に具体化し，川崎市，横浜市，大和市にまたがる

4.3 横浜を歩いて地域人口の特徴を考える

図 4.3.6 田奈駅周辺の戸建て住宅地 (2014年9月, 平井撮影, 一部修正)

3200 ヘクタールに及ぶ広大な土地が開発された。

まず, 田奈駅に隣接する東急多摩田園都市まちづくり館⑦を見学しよう。ここでは, かつての農村地域がどのような構想の下で開発されたのか, さらに町の建設から住民の生活まで, 映像も交えて手際よくまとめられている。見学の後, 田奈駅の周辺を歩いてみよう。この地区は, 1960 年代の後半に開発が行われ 70 年代前半に分譲された地域である。田奈駅のそばを流れる恩田川沿いは第 2 次世界大戦前から集落が形成されていたため開発地域に含まれず, 駅の周辺には現在でも農地が残存している部分もある。県道を渡り北側に広がる開発区域内には, ほぼ同じ広さの区画に戸建て住宅が建ち並んでいる⑧ (図 4.3.6)。

東急電鉄の資料によると, 現在多摩田園都市全体で 60 万人以上が居住している。また, 多摩田園都市の南に横浜市の六大事業の一つとして構想された港北ニュータウンが建設されるなど, 大規模な住宅地域の建設とそこへの人口流入は, 横浜市の人口を大きく増加させることとなった。

このように多くの人口を受け入れた郊外住宅地域では, 現在人口の高齢化が問題となっている。これは, ほぼ同じファミリーサイクルに当たる者が住宅を購入するため, 居住者の年齢構成が偏り, そのまま年齢を経ることによって高齢化が進むためである。多摩田園都市を含む青葉区と港北ニュータウンを含む都筑区において, 人口の動向をみてみると, どちらの区も総人口は増加傾向にあるが, 65 歳以上人口がより急激に増加していることが分かる (表 4.3.1)。そのため, 人口に占める 65 歳以上人口の割合は, 2000 年から 2010 年までに青葉区は 9.7%から 15.9%, 都筑区は 8.1%から 13.3%へ高まっている。この数値は, 日本全体 (2010 年に 23%) と比較すると低い水準にあるが, 高齢化の進行スピードが速い点に特徴がある。同時に, 表からは世帯数に占める高齢の夫婦のみ世帯あるいは単身世帯の占める割合が高まりつつあることが読み取れる。この地域で育った子供たちが独立し家を離れたために, 高齢者のみの小規模世帯が増加したと考えられる。

表 4.3.1 横浜市青葉区および都筑区における人口高齢化と高齢者世帯の推移

	青葉区			都筑区		
年	2000	2005	2010	2000	2005	2010
人口 (人)	270,044	295,603	304,297	155,092	179,008	201,271
65 歳以上人口 (人)	26,265	36,502	48,278	12,507	18,921	26,782
65 歳以上人口割合 (%)	9.7	12.3	15.9	8.1	10.6	13.3
一般世帯数に占める高齢小規模世帯の割合 (%)	9.0	11.7	15.0	7.1	9.3	12.0

高齢小規模世帯:高齢夫婦世帯と高齢単身世帯の計
[国勢調査より作成]

図 4.3.7 田奈駅周辺のグループホーム（2014年9月，平井撮影，一部修正）

このような人口構造の変化は，住宅地域の中でも読み取ることができる。田奈駅付近⑧では，戸建て住宅の中にグループホームが認められる（図4.3.7）。この施設は2014年3月に新規に開設されたものである。この施設のように，福祉サービスを提供する施設がこの地域では近年増加傾向にある。たとえば，神奈川県介護サービス情報公開システム（2015）によると，老人福祉施設や有料老人ホームなどの高齢者の入所施設は青葉区において43件を数えるが，その事業開始時期をみると2000年末までが3施設，2000～2004年末までが19施設，2005～2009年末までは13施設，2010年以降が8施設である。2000年以降，大幅に増加している。郊外住宅地域における近年の高齢化や介護サービスに対する需要の高まりに対応しているのだと考えられる。つまり，住宅地域の中にみられる福祉施設の存在から，この地域における高齢化の現状と福祉サービスに対する需要の高まりを読み取ることができるのである。

今後の学習課題
―景観観察とそこに暮らす人々への眼差し

本エクスカーションでは，横浜市の鶴見区と青葉区を歩き，そこでみたもの，観察した事柄から，その地域に暮らす人々について考察を行った。実際に目にしたものは，沖縄料理や南米料理を提供する飲食店であり，住宅地の中のグループホームである。しかしそこから，これらを利用する人はどのような人なのか，その人たちはなぜそこにいるのか，そこに至るまでにどのような暮らしをしてきたのか，ということを考えることが重要である。フィールドでの観察や考察を通して，統計数値に示された地域の特徴やその背景をより深く考えてみよう。　　　　　　［平井　誠］

参考文献

神奈川県介護サービス情報公開システム（2015）：http://www.kaigokensaku.jp/14/index.php（最終閲覧日2015年1月5日）

東京急行電鉄株式会社田園都市事業部編（1988）：『多摩田園都市――開発35年の記録』東京急行電鉄株式会社．

平井　誠（2008）：横浜市における外国人の性別・年齢構造と分布．神奈川大学人文学研究所編『在日外国人と日本社会のグローバル化――神奈川県横浜市を中心に』お茶の水書房，57-81．

福田友子（2009）：流入労働者たちの系譜　沖縄出身者，在日コリアン，日系ラテンアメリカ人の集住地域としての鶴見．玉野和志・浅川達人編『東京大都市圏の空間形成とコミュニティ』古今書院，171-194．

福元雄二郎（2008）：我が国に於けるラティーノス集住地域を考える視点―鶴見区潮田地区を事例として．神奈川大学人文学研究所編『在日外国人と日本社会のグローバル化　神奈川県横浜市を中心に』お茶の水書房，189-211．

松林秀樹（2009）：東京圏の「先端」地域形成．玉野和志・浅川達人編『東京大都市圏の空間形成とコミュニティ』古今書院，83-116．

横浜市統計GIS：http://www.city.yokohama.lg.jp/seisaku/seisaku/gistat/

第4章 社会や暮らしを捉える

4.4 多文化共生とは何か
―― 神戸の外国人社会から考える

ポイント
1. 開港によって形成された居留地や雑居地の特色を考える。
2. 国際的なできごとによる外国人の流入とその影響を考える。
3. 世界のチャイナタウンと比較しながら，神戸南京町の特色を考える。

コース： JR元町駅①→チャータードビル②→日本真珠会館③→神戸市役所④→ JR三ノ宮駅→（地下鉄）→神戸市営地下鉄・新神戸駅⑤→風見鶏の館⑥→ジャイナ教寺院⑦→トアロード⑧→神戸ムスリムモスク⑨→神戸南京町⑩→ JR元町駅（日帰り）

ルートマップ

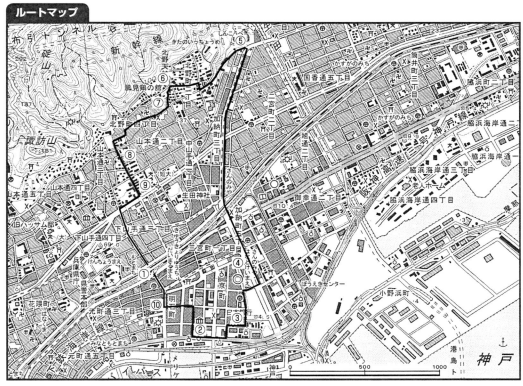

図 4.4.1 ルートマップ（2万5千分の1地形図「神戸首部」平成17年発行，原寸，一部加筆）

1 事前準備

このエクスカーションのテーマは多文化共生である。法務省在留外国人統計によれば，2014（平成26）年6月末における在留外国人（外交，公用をのぞく）は208.7万人であり，とくに出入国管理および難民認定法が改正さ

れた1990（平成2）年以降，著しく増加している。日本では2005（平成17）年から人口減少が始まっており，人口減少による諸問題を緩和する存在として外国人がクローズアップされつつある（たとえば，石川編2011）。このエクスカーションでは，第二次世界大戦以前より外国人が多く暮らしてきた神戸の発展と外国人とのかかわりを通じて，多文化共生について考えてみよう。

神戸市は，瀬戸内海に面した兵庫県南部に位置し，553.12 km²の面積に，2014（平成26）年10月31日現在の住民基本台帳に基づく登録人口によれば，約155万人が暮らしている（神戸市HP 2014）。神戸港は1868（慶応3）年に開港され，東は生田川，西は鯉川，北は西国街道，南は海に面した位置に外国人居留地が建設された（藤岡1992）。その後，神戸は貿易を中心に発展し，大阪や京都と並ぶ西日本を代表する大都市となった。最近では，1995（平成7）年1月の兵庫県南部地震（以下，阪神・淡路大震災）によって大きな被害を受けながらも，異国情緒が感じられるおしゃれなイメージは変わっていない。

2　旧居留地の面影を捉える

エクスカーションはJR元町駅①から始めることにしよう。駅を出てすぐにある南北の通りが鯉川筋であり，鯉川の暗渠の上にある。少し南へ歩くと大丸神戸店が見えてくるが，ここから南がかつての外国人居留地の西側の境界であった。旧居留地には最近，欧米の高級ブランドの直営旗艦店が軒を連ね，おしゃれなショッピング街となっている（図4.4.2）。

とはいえ，とくに海岸通沿いには大正から昭和初期に建設された近代洋風建築がいくつ

図4.4.2　旧居留地の高級ブランド店（2014年9月，大石太郎撮影）

図4.4.3　チャータードビル（2014年9月，大石太郎撮影）

も残っている。たとえば，居留地9番に位置するチャータードビル②はかつてチャータード銀行神戸支店として使われていた建物である（図4.4.3）。現在では建物の一部がレストランとして活用されており，中に入ると銀行として使われていた当時の面影を感じることができる。この近くにある旧神戸居留地15番館は居留地時代から残る唯一の建物であり，阪神・淡路大震災で大きな被害を受けたが，現在でもレストランとして活用されている。また，神戸市立博物館は旧横浜正金銀行神戸支店として建設された建物を活用している。

旧居留地の東側の境界線付近には日本真珠会館③がある（図4.4.4）。1893（明治26）年，御木本幸吉が世界で初めて真珠の養殖に成功すると，貿易港である神戸は真珠の集散地と

図 4.4.4 日本真珠会館（2014年9月，大石太郎撮影）

図 4.4.5 神戸市役所1号館（中央左）（2014年9月，大石太郎撮影）

図 4.4.6 風見鶏の館（2014年9月，大石太郎撮影）

なり，真珠の加工や輸出がさかんになった。現在でも山本通周辺を中心に真珠を扱う企業が多く立地する。最近では改めて「真珠の街」であることをアピールしており，2008（平成20）年6月には日本真珠会館の1階に神戸パールミュージアムが開設されている。

日本真珠会館から少し北に歩き，神戸市役所④を訪れてみよう（図4.4.5）。中でもひときわ高い建物である1号館の24階は展望ロビーとなっており，週末も開放されている。地理学の調査では，まず高いところにのぼって地域の様子を俯瞰してみることは重要であり（山下 2003），この展望ロビーはそれにうってつけの場所である。ここでは海側と山側のそれぞれを眺めることができ，海側では沖合に浮かぶ神戸空港まで見渡すことができるし，山側では六甲山地を間近に眺めることができ，神戸の市街地が海と山に挟まれた場所に形成されていることを実感できる。

3 異人館が多く残る背景は何か ——北野異人館街

神戸市役所からフラワーロードを少し北に歩くとJR三ノ宮駅に着く。三ノ宮駅はJRだけでなく，阪神電鉄や阪急電鉄，神戸市営地下鉄が乗り入れるターミナル駅であり，駅周辺は商業施設が最も集積している神戸の中心地である。ここから地下鉄で新神戸駅に移動する。新神戸駅⑤を出て西へ10分ほど歩こう。途中から坂がきつくなり，異人館がみえてくる。結婚式場として利用されている建物もあり，週末の午後は毎週のように披露宴が行われている。また，北野坂には移築した洋館を活用した有名コーヒーチェーンの店舗もある。

北野異人館街で最も有名な洋館が，1977（昭和52）年に放映されたNHKの朝の連続テレビ小説の舞台にもなった，風見鶏の館⑥である（図4.4.6）。この建物はドイツの貿易商ゴットフリート・トーマスが自邸として1909（明治42）年ごろに建てたものであり，1978（昭和53）年1月に国指定重要文化財に指定されている（風見鶏の館HP 2014）。現在は神戸市が所有しており，内部も見学することができる。海側の部屋からは現在でも海がみえ，高い建物が少なかった時代にはもっとすばらしい眺めだったことが容易に想像できる。

それでは，なぜ北野に異人館が多く存在するのだろうか。神戸の開港は横浜よりもかなり遅れて1868（慶応3）年になって実現し，そのときにはすでに，来日する多くの外国人を受け入れる空間が居留地には十分に存在しなかった。そこで居留地の外側で雑居が許可されることになり，六甲山地の山麓斜面に外国人が居住することができたのである（藤岡 1992）。そこで暮らしたのは，おもに欧米諸国から来日した人々であった。

風見鶏の館からさらに西へ歩いていくと，

図 **4.4.7** ジャイナ教寺院（2014年9月，大石太郎撮影）

図 **4.4.8** 関西ユダヤ教団（2014年9月，大石太郎撮影）

右手に白亜の建物が現れる（図4.4.7）。これは1984（昭和59）年に建立されたジャイナ教寺院⑦であり，ジャイナ教徒は殺生を嫌うため，大理石でつくられている。神戸は古くからインド人が定住した地であり，1893（明治26）年にインド民族資本のタタが日本郵船と共同でボンベイ（現・ムンバイ）とを結ぶ定期航路を就航させたことにより，インド商人の日本進出が進んだと考えられている。第二次世界大戦後にはジャイナ教徒のインド人が先に述べた真珠ビジネスなどに進出し，2005（平成17）年時点でインド人真珠業者はすべてジャイナ教徒であった（南埜・澤 2005）。

4 多様な民族的背景を捉える
――白系ロシア人

ジャイナ教寺院からさらに西に進むと，Jewish Community of Kansai と書かれた建物が目に入る。これは関西ユダヤ教団，すなわちシナゴーグであり，表通りから路地に入ったところにある建物の入り口にはヘブライ文字とアルファベットがみえる（図4.4.8）。第二次世界大戦以前の日本で刊行されていた英文の年鑑であるジャパン・ディレクトリーには，すでに1880年代にユダヤ・ヘブライ暦が掲載されており，当時の来日外国人にユダヤ人が少なくないことを想像させるが，神戸ではロシア帝国支配下の地域から亡命してきたユダヤ人が中心であった（中西 2004：97）。

さらに西へ歩いてみよう。道なりに歩いてたどりつく交差点付近には神戸外国人倶楽部がある。ここは，1908（明治41）年にトアホテルが開業し，1950（昭和25）年に火事で焼失するまで営業していた場所であった。この交差点から南へ進む通りはトアロード⑧とよばれ，山手の雑居地と居留地とを結んでおり，山手の雑居地に居住する外国人はここを通って居留地にある職場に通勤した。そして現在でも，エキゾチックな雰囲気を大切にしたまちづくりがなされている（トアロードHP 2014）。

トアロードを少し下って狭い路地を左に入ろう。右手にみえるのが神戸ムスリムモスク⑨であり（図4.4.9），1935（昭和10）年に建立された日本で最初のモスクである（神戸ムスリムモスクHP 2014）。モスクにはイスラム文化センターが併設され，周辺にはハラール食品を扱う商店も集まっており（図4.4.10），神戸周辺に居住するムスリムの結節点になっ

図 4.4.9　神戸ムスリムモスク（2014 年 9 月，大石太郎撮影）

図 4.4.10　ハラール食品を扱う食料品店（2014 年 9 月，大石太郎撮影）

図 4.4.11　神戸南京町（2014 年 9 月，大石太郎撮影，口絵 6 参照）

ていることがうかがわれる。

　このモスクの建立は，タタール系ムスリムとインド系ムスリムとが協力して実現した（中西 2004：99）。タタール系ムスリムは，ロシア革命の前後に日本にやってきた白系ロシア人の一部である。白系ロシア人とはロシア革命に反対して国外に亡命した人々のことであり，民族的にも宗教的にも多様で，ロシア正教のみならず，イスラム教や上述のようにユダヤ教の信徒をも含んでいた（中西 2004：93-94）。白系ロシア人の多くは第二次世界大戦後に日本国外に去り，また日本に残った人々も日本国籍を取得したことにより，神戸の白系ロシア人社会は衰退した。現在も残るロシア正教会からはロシア人司祭が去って久しく，また神戸ムスリムモスクの建立にかかわったタタール系の信徒もほとんどいなくなったという（中西 2004）。ただ，神戸に存在した白系ロシア人社会の痕跡は，たとえばモロゾフといった洋菓子会社の名称に残されている。

5　華人・チャイナタウンとは何か
――神戸南京町

　トアロードに戻り，NHK 神戸放送局前の交差点を右に折れて，少し西に進むと鯉川筋との交差点にたどりつく。これを左に曲がり，南に歩いていくと JR 元町駅がみえてくる。神戸元町商店街の入り口を過ぎてさらに先に進んだ右手に広がるのが神戸南京町⑩，すなわち中華街である（図 4.4.11）。冒頭で説明したように，鯉川筋は居留地の西側の境界線にあたり，南京町が形成されたのは居留地の外側の雑居地であった。

　さっそく南京町の景観を観察してみよう。中華料理店が非常に多いことにすぐに気づくだろう。最近では店の前に屋台を出し，豚まん（肉まん）などを売っている店が多く，食べ歩きをすることが南京町を訪れる楽しみになっているかもしれない。屋台の売り子たちの多くは，少しなまりのある日本語を話していることにも気づくだろうか。

　世界のチャイナタウン（中華街）を論じた山下（2000）を参考にして歴史を簡単にふりかえると，中国人は当初，欧米諸国から進出してきた貿易商のコックや使用人などとして来日した。中には欧米人に代わって日本商人と取引を行う買弁として来日した者もいた。当初は貿易商が多かったが，居留地制度が廃止されると，料理業，洋服仕立業，理髪業という，刃物を用いる 3 種の職業（三把刀業）に従事する者も多数流入するようになった。伝統的に広東省出身者が多く，南京町で広東料理を中心とする中国料理店が多いのはそうした歴史的背景による。最近では，1980 年

代以降に来日した新華僑とよばれる人々が働いたり，店を出したりすることが増えており，結果として南京町の屋台で少しなまりを感じる日本語を耳にするというわけである。なお，新華僑に対して古くから日本に住んでいる華僑を老華僑という。また，「僑」という字には仮住まいという意味が含まれることから，学術用語としては「華人」が一般的に使われるようになっている。

神戸南京町をはじめ，日本の中華街は日本人が異国情緒を味わいに遊びに行く場所というイメージが強い。しかし，1970年代までの神戸南京町はさびれており，1980年代の再開発事業でよみがえり，観光地化が進んだ（山下 2000）。中華街のシンボルと思われがちな牌楼も1980年代に建てられたものである。なお，神戸南京町には，商売の神様で世界のチャイナタウンによくみられる関帝廟はなく，南京町の外にある。学校も同様であり，こうした点は横浜中華街と大きく異なる特色である。

6　今後の学修課題

このエクスカーションでは，港町神戸の発展と外国人とのかかわりを考えてきた。1868年に開港して以来，神戸には多くの外国人が流入し，居留地や雑居地に暮らすようになった。欧米人は高燥な山麓斜面での暮らしを好み，そこに形成された雑居地と職場のある居留地とを結んだトアロードでは，現在でもエキゾチックな雰囲気を生かしたまちづくりがすすめられている。ロシア帝国の崩壊により，白系ロシア人が神戸に流入したことは神戸の外国人社会をさらに多様にした。実際，このエクスカーションではすべてを見て回ることはできなかったが，神戸には実にさまざまな宗教の施設が存在し，「宗教都市」と表現されたこともある（水内ほか 2008：309）。

国際化が叫ばれて久しく，また最近ではグローバル化という言葉もよく耳にするが，人口減少による諸問題を緩和する役割を外国人に期待するなら，多文化共生は避けてとおれないだろう。今後，このエクスカーションで学んだ神戸の経験をふまえて，外国人の多い地域における多文化共生のあり方を考えてみよう。

　　　　　　　　　　　　　　　［大石太郎］

参考文献
石川義孝編（2011）：『地図でみる日本の外国人』ナカニシヤ出版。
神戸市 HP（2014）：http://www.city.kobe.lg.jp/（最終閲覧日：2014年11月22日）
神戸ムスリムモスク HP（2014）：http://www.kobemosque.info/jp/（最終閲覧日：2014年11月23日）
トアロード HP（トアロード商店街東亜会協同組合）（2014）：http://www.torroad.com/（最終閲覧日：2014年11月23日）
中西雄二（2004）：神戸における白系ロシア人社会の生成と衰退。人文地理，56-6, 91-107。
藤岡ひろ子（1992）：外国人居留地の構造──横浜と神戸。歴史地理学，157, 58-84。
水内俊雄・加藤政洋・大城直樹（2008）：『モダン都市の系譜──地図から読み解く社会と空間』ナカニシヤ出版。
南埜 猛・澤 宗則（2005）：在日インド人社会の変遷──定住地神戸を事例として，兵庫地理, 50, 4-15。
山下清海（2000）：『チャイナタウン──世界に広がる華人ネットワーク』丸善。
山下清海（2003）：地域調査法。村山祐司編『シリーズ人文地理学 2　地域研究』朝倉書店, 53-79。
風見鶏の館 HP（2014）：http://www.kobe-kazamidori.com/kazamidori/（最終閲覧日：2014年11月23日）

第5章 地域の活力を捉える

5.1 観光まちづくりを通じた地域活性化とは何か
―― 聖天山のある熊谷市妻沼における取り組み

ポイント
1. 地方都市で問題となっている中心市街地の空洞化とは何か。
2. 地域活性化を進めるための一手法としての観光まちづくりとは何か。
3. 観光まちづくりを成功させるポイントは何か。

コース： JR熊谷駅→（バス）→妻沼下町バス停①→旧東武熊谷線妻沼駅跡②→坂田医院旧診療所③→県道太田熊谷線沿いの町並み④→妻沼小学校正門⑤→貴惣門⑥→歓喜院聖天堂⑦→県道羽生妻沼線沿いの町並み⑧→歓喜院本坊⑨→越屋根の民家⑩→両宜塾跡⑪→大我井神社⑫→妻沼聖天前バス停⑬→（バス）→JR熊谷駅（日帰り）

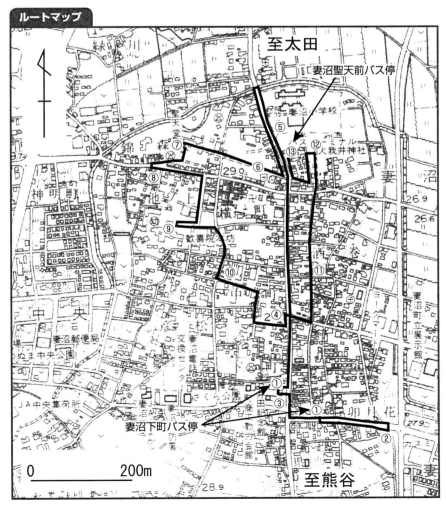

図5.1.1 ルートマップ（1万分の1基本図「妻沼町全図」平成12年一部修正，一部加筆，120％拡大）

1 事前準備

　国宝建築物（妻沼聖天山歓喜院聖天堂）を有する埼玉県熊谷市妻沼（以下，妻沼とする）を取り上げ，主に景観観察と聞き取りにより地域の課題を把握し，あわせて観光まちづくりの在り方について考える。妻沼は江戸期に聖天山の門前町，新田往還の宿場町，さらには利根川の河岸場として発展し，明治期以降も埼玉県北部の小中心地として賑わってきた。2005（平成17）年に妻沼町が熊谷市・大里町と合併したことにより，行政上は熊谷市北部の中心に位置づけられる（その後，2007（平成19）年に江南町を編入合併）。旧妻沼町域の人口は25,912（2014年8月1日現在）で1995年のピーク時に比べ3千人ほど減少し，近年は他の地方都市と同様に中心市街地の衰退が顕著となっている。こうしたなか，民間と行政が妻沼聖天山を核とした観光まちづくりに取り組んでいる点が注目される（片柳 2012）。

　妻沼の地域変容を把握するには，まずは都市化が進行する以前の1970（昭和45）年発行の地形図をみるとよい（図5.1.2）。地形図からは逆U字型の旧河道の内側に，中心市街地がコンパクトにまとまっている様子がわかる。この場所は周囲から2mほど標高が高い自然堤防上にあたる。2001（平成13）年発行の地形図は，ほぼ現在の妻沼の様子を表している（図5.1.3）。中心市街地の東西の低地部で都市化が進んだことが確認できる。しかし，地形図から読み取れることには限界がある。たとえば，中心市街地空洞化の状況は読み取れず，空洞化の現れである空き地や駐車場の増加を把握するためには国土基本図や空中写真が必要であり，最終的には現地調査が欠かせない。また，空洞化の状況は，景観観察によってある程度まで把握できるが，地域の人たちの意識は推測するしかない。そこで，妻沼巡検では地域住民への聞き取りも想定している。

図 5.1.2 1970年頃の妻沼（2万5千分の1地形図「深谷」昭和44年発行，同「妻沼」昭和45年発行，80%縮小）

図 5.1.3 2000年頃の妻沼（2万5千分の1地形図「深谷」平成14年発行，同「妻沼」平成15年発行，80%縮小）

2 車窓からの景観観察
――熊谷駅から妻沼に向かう

　公共交通機関の路線バスを利用して妻沼に入る方法は二つある。一つは熊谷から妻沼に向かう方法で，もう一つは群馬県の太田方面から利根川を渡って妻沼に入る方法である。乗車時間はどちらも30分ほどである。ここでは熊谷駅からバスで妻沼に入ることとし，JR高崎線熊谷駅北口から路線バス（妻沼行き・妻沼聖天前行き・太田行き・西小泉行き，いずれも可）に乗って旧妻沼町域に入る。熊谷と妻沼を結ぶ県道太田熊谷線（旧国道407号）沿いでは，春から初夏にかけて一面の麦畑を見ることができる。

　一級河川の福川に架かる井殿橋，埼玉県最古級の農業用水路の備前渠用水（1604（慶長9）年開削）に架かる千歳橋を渡り，緩やかなカーブを左に曲がると道路の先に森が見えてくる。妻沼聖天山の鎮守の森である。そのまま真っ直ぐ進むこと数分，妻沼の中心市街地に入る。妻沼行きのバスは妻沼下町の交差点を右折し，妻沼下町バス停①に到着する。バス停の先に旧東武熊谷線妻沼駅跡②がある。この鉄道は長らく通勤・通学に利用されていたが，赤字を理由に1983（昭和58）年に廃止され（妻沼町役場企画総務課ほか編 2005），駅舎やホーム，線路はすべて撤去されている。

3 地域的課題を考える
――県道太田熊谷線沿いを歩く

　妻沼聖天前行き（太田行き・西小泉行きも可）の路線バスに乗り，県道太田熊谷線沿いに設置された妻沼下町バス停①で下車し，県道沿いの景観から妻沼の地域的課題について考えたい。バス停の目の前が坂田医院旧診療所③（図5.1.4）である。昭和初期（1931年）に建てられたスクラッチタイル張りの建物で，国登録有形文化財となっている。定期公開はしていないが，映画のロケにも使われた市街地南部のシンボル的存在である。近くには旧弥藤吾村（現熊谷市弥藤吾）出身で「メヌマポマード」を発案し「ポマード王」と呼ばれた井田友平の居宅が移築され，井田記念館として不定期公開されている。

　妻沼の中心市街地は，南の坂田医院旧診療所から北に位置する妻沼小学校まで続く。この間の景観に，市街地空洞化の一端をみることができる。県道を南から北に進んでいくと，空店舗や空き地の多さに気づく。なかでも妻沼交差点付近では空店舗が集中し，シャッター街の様相を呈している④（図5.1.5）。壊れた看板が放置された空店舗，看板の塗装が剥がれたままの営業中の店舗も複数みられる。また空店舗・営業店舗を問わず，パラペットと呼ばれる大型看板で正面が覆われた建物が多く，没個性的な町並みをみせている。

図5.1.4　改修中の坂田医院旧診療所（2013年5月，片柳撮影）

図5.1.5　県道沿いに連続する空店舗（2013年3月，片柳撮影）

図5.1.6　手づくり感あふれる絵看板（2012年9月，片柳撮影）

古くからの門前町・宿場町という割にはその雰囲気を感じさせるものは少ないが、良好な景観形成に寄与しようと、あるいは地域に活気をもたらそうと、民間レベルでのさまざまな取り組みがみられる。「さわた本店」（菓子製造販売）、「藤川屋青春館」（宝くじ販売・貸し自転車）の店舗は、町の景観に配慮したデザインにリニューアルされている。いずれも個人経営の店舗だが、それぞれコミュニティスペースやギャラリーなどの地域住民の交流の場を設け、まちづくりに一役買っている。また、地元商店会では絵看板（図5.1.6）を壁面に掲げる活動を行い、少しでも景観に活気をみせようとしている。このほかに県道沿いでは、2013年からは「昭和の町」をテーマに「熊谷妻沼昭和祭り」のイベントを行っている。この祭りは、妻沼の若手経営者が集まって結成したまちづくり組織「めぬま商人会」主催で始めたものである。

県道を北に進み、聖天前交差点を過ぎて間もなく、妻沼聖天山参道入口がみえてくる。右手の路地に入ると大我井神社で、左手が聖天山参道である。周辺は聖天山の門前ではあるが、土産物店や飲食店はみられない。そのまま北に進み、妻沼小学校正門前⑤を過ぎて水路（芝川）に架かる橋を渡る。ここから先は旧河道の一部で旧版地形図では一面水田となっているが、現在は住宅や店舗が続いている。来た道を振り返ると、わずかに上り坂になっており、妻沼聖天山と中心市街地が自然堤防の微高地に位置することを確認できる。再び妻沼聖天山参道入口に戻ることとする。

4 門前町としての特徴を探る
── 妻沼聖天山境内と縁結び通りを歩く

参道入口には石柱門が立ち、右側に「武蔵妻沼郷」、左側には「歓喜天霊場」の文字が刻まれている。ここから西に真っ直ぐ進むと国指定重要文化財の貴惣門（1851（嘉永4）年竣工）⑥（図5.1.7）がある。正面からでは確認できないが、妻側に三つの破風を有する全国でも珍しい山門である。さらに参道を進み、中門と仁王門をくぐり正面に見えるのが歓喜院聖天堂⑦（図5.1.8）である。妻沼聖天山は日本三大聖天の一つで、平家物語にも登場する斎藤別当実盛が自らの守り本尊の大聖歓喜天を祀ったことに始まる。それ以来地域の人々の信仰を集め、地元では「聖天様」と呼び親しまれている。現在の聖天堂は1760（宝暦10）年に再建されたものだが、長年の風雨で傷みが激しく、7年にわたる大修理を経て、2010年に完成当時の極彩色の彫刻を蘇らせた（口絵7）。2012年には国宝に指定されている。妻沼聖天山の境内は、夏は緑、秋には紅葉が美しい。

聖天山境内の南側に、参道に並行して縁結び通りと呼ばれる県道羽生妻沼線が東西に通っている。沿道には店舗が建ち並んでいるが、南北の県道沿いと同様に空店舗が目立ち、壊れたままの看板も目につく。また、国道407号と県道太田熊谷線を結ぶ道路のため、幅員が狭い割には交通量が多く、歩行者は注意が必要である。ただし、わずかにカーブした町並みに変化があり、途中に聖天山境内への入口が3か所あるなど、門前町らしさを感じさせる通りとなっている。

西の参道入口あたりには、古民家を改修して営業を始めた店舗がいくつかみられる。「大福茶屋さわた」⑧（図5.1.9）は米穀店の空店舗を菓子販売所兼休憩所として整備したものである。店長を務める高柳紀子氏は地域の活気を取り戻すことを目的に2009年に「手づくり市」を始めた。現在は毎年4月と10月

図 5.1.7 三つの破風を有する貴惣門（2013年4月，片柳撮影）

図 5.1.8 民衆信仰の中心である妻沼聖天山（2013年11月，片柳撮影）

図 5.1.9 「手づくり市」で賑わう「大福茶屋さわた」（2013年4月，片柳撮影）

の2回，縁結び通り沿いで開かれている。この他，古民家を活用したコーヒー店や雑貨店，茶販売店もあり，妻沼のまちづくりを体現する場所の一つとなっている。

縁結び通りから歓喜院通りに入る。この通りは聖天山と歓喜院本坊を結ぶ通りで，並木の緑の中に赤い灯籠が映える。通りの突き当たり右側に，歓喜院本坊⑨がある。緑地の少ない市街地の中で，聖天山境内と並び緑濃い場所となっている。

5 都市の空間的広がりをみる
――路地のネットワークに入り込む

日本の伝統的な都市には数多くの路地が存在し，それらはネットワークを形成している。妻沼でも2本の県道から多くの路地が伸びている。ここからは県道太田熊谷線の西側を南北に並行して走る通りを南に向かい，路地を探索することにする。しばらく進むと妻沼の中心市街地には珍しい越屋根（採光・換気のための小屋根を載せた屋根）を持つ民家⑩がみえてくる。民家のある辻を左折し路地に入る。路地沿いは基本的に住宅地であるが，喫茶店や雑貨店などもみられる。道を右左折して進んで行くうちに県道太田熊谷線に出る。

続いて，県道の東側を南北に通る路地をたどることとする。県道に並行するこの道路沿いはほぼ住宅地となっている。途中，辻角に地蔵が祀られた場所があり，その先に江戸時代の儒学者・寺門静軒が開いた両宜塾の跡を示す石碑⑪が建っている。旧俵瀬村（現熊谷市俵瀬）の出身で日本公許女医第1号である荻野吟子もここで学んでいる。

ここから北に真っ直ぐ進むと，大我井神社⑫（図5.1.10）に突き当たる。大我井神社は明治初期の神仏判然令（神仏分離令ともいう）によって聖天山から分離した神社で，境内には神明造の本殿があり，その西側に富士塚がある。ここでは毎年8月27日に摂社である富士浅間神社の火祭りの神事が行われている。境内の西側の路地を北に進むと妻沼小学校である。校舎のある場所はかつて大我井の森と呼ばれており，社殿裏側の杉林が当時の様子を偲ばせている。帰りは，妻沼聖天前バス停⑬から熊谷駅行きバスに乗るとよい。

図 5.1.10 ふだんは人の気配を感じない大我井神社（2011年7月，片柳撮影）

6 今後の学修課題
——観光まちづくりについて考える

妻沼には，国宝建築物を目当てに遠方からも観光客がやって来る。しかし，聖天山にお参りし，名物の稲荷寿司を食べるには2時間もあれば十分であろう。門前町とはいえ，長野や伊勢のように門前に土産物店や飲食店が軒を連ねているわけではない。通り沿いには空店舗や空き地が多く，観光客が町なかに出ることは期待できない。また，国や地方財政が極度に悪化している現在，観光振興を目的に景観を整備し，新たな観光施設を建設するだけの余裕は自治体にはない。そうした状況下で，主に進められているのが地元商工会（くまがや市商工会妻沼支所）を中心とした「縁結び」の観光まちづくりであり（図5.1.11），住民主体のまちづくりである。

妻沼での巡検からは，観光まちづくりのキーワードとして「手づくり」「温かさ」がみえてくるが，「もてなし」をキーワードに加えることができる。妻沼には，退職後にまちづくりに積極的に関わる人，自身の店舗を経営しながら町の活性化に熱心な人，自分の町を元気にしたいと考えている人が多い。各種イベントに参加したとき，あるいは店で買い物や食事をしたとき，来街者は町の人の魅力に触れることによりリピーターとなる可能性が高い。来街者が地域の人と触れ合う機会を増やすことが，妻沼における観光まちづくり成功の鍵の一つである。

図 **5.1.11** 妻沼のイメージキャラクター「えんむちゃん」（2014年4月，片柳撮影）

地元の方と話をしていると，「聖天様に守られた町」という言葉を聞くことがある。これは，関東平野の低平な土地に妻沼聖天山が創建され，そこに門前町と宿場町が形成されたこと，住民は何度も水害にあいながらも聖天山を信仰の中心として力強く暮らしてきたということだろう。そうした歴史と背景を持つ地域だからこそ「手づくり」「温かさ」「もてなし」という言葉に重みがある。

妻沼には国宝建築物があるとはいえ，それだけで町を活性化することはできない。妻沼で地元住民が主体となって地域の活性化に取り組む姿は，同様の問題を抱える地方都市の観光まちづくりを進める際に，参考になるものと考える。　　　　　　　　　　［片柳　勉］

参考文献
片柳　勉（2012）：文化遺産の修復から広がる観光まちづくり——埼玉県熊谷市妻沼地区。地理，57-5，14-22。
妻沼町役場企画総務課・妻沼町教育委員会・歴史年表改訂委員会編（2005）：『町村合併五十周年記念要覧』埼玉県妻沼町。

第5章　地域の活力を捉える

5.2 限界自治体における持続可能なまちづくりとは何か
──徳島県上勝町の取り組みから考える

ポイント
1. 過疎高齢化が進む中山間地域が抱える課題を考える。
2. 高齢者をまちづくりや経済活動の主体とする仕組みについて考える。
3. 地域資源を有効に活用し，次世代の担い手を育成するための地域の取り組みを考える。

コース：　JR徳島駅→（徳島バス勝浦線）→横瀬西①→（上勝町営バス）→JA東とくしま上勝支所②→日比ケ谷ゴミステーション③→神田④→樫原の棚田⑤→神田④→横瀬西①→JR徳島駅（日帰り）

ルートマップ

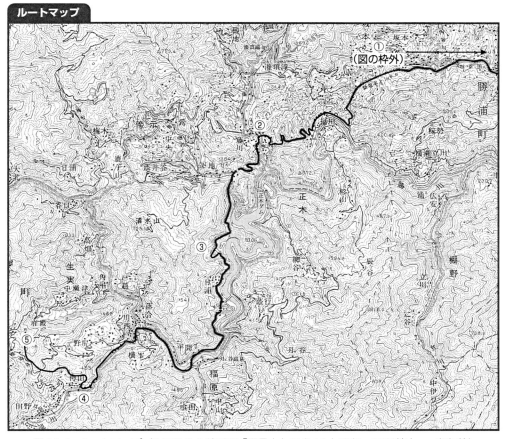

図 5.2.1　ルートマップ（5万分の1地形図「雲早山」平成11年発行，65％縮小，一部加筆）

1 事前準備

　今回のエクスカーションの主要なテーマは，「限界自治体における持続可能なまちづくり」である。人口の半数以上が65歳以上である限界自治体では，過疎高齢化が進行し，税収入の低下と高齢者医療，高齢者福祉の負担増により財政の維持が困難となる。そのため，高齢者がまちづくりや経済活動の中心的役割を担う仕組みを作り上げ，また一方で過疎高齢化問題に対処するために次世代を担いうる人材を地域に呼び入れ，育成していくことが急務となる。このような観点から，四国で最も人口が少なく，過疎高齢化が進行する自治体がいかなる取り組みをしているか，みていきたい。

　今回，事例として取り上げる徳島県上勝町（かみかつ）の基本情報を確認する。当町は勝浦川（かつうら）の上流で，徳島市の南西40 km（直線距離で25 km）に位置し，総面積は約110 km²である。北部と西部に剣山（つるぎさん）と中津峯（なかつみね）を結ぶ分水界の一部を形成する雲早山（くもそうやま），高丸山（たかまるやま），旭ケ丸（あさひがまる）などの連山がそびえている。町内の標高は100 mから1,400 mであり，標高600 m以上の地域が全体の65％，150 mから600 mの地域が30％を占め，急峻で複雑な褶曲に富んでいる。町内の88.5％が山林で，わずかな平坦部と山腹急傾斜面が耕地として利用されている（上勝町産業課2013）。

　当町においては江戸時代には林業が中心であり，そして，次第に山腹の斜面で棚田を開墾して裏作として麦や大豆などを栽培する二毛作も営まれてきた。時を経て1961（昭和36）年の「果樹農業振興特別措置法」の制定により，温州ミカン生産が地域経済の基盤となり，その過程で棚田から果樹園への転換も進み，町に大きな経済効果をもたらした。その後，生産過剰や果物の輸入自由化に伴いミカンに対する需要が減少した（笠松・佐藤2008）。それでもなおミカン栽培は地域の主要生産物であり続けたが，1981（昭和56）年の局地的な大寒波による零下13℃の低温によりミカンの木が全滅し，産業基盤が失われた。

　当町では，1955（昭和30）年の6,265人をピークとして人口が毎年減少しており，2005（平成17）年の国勢調査で2,000人を下回った。2010年の国勢調査によると人口の52.4％が65歳以上であり，限界自治体と位置づけられる。過疎化と高齢化が同時に進行する四国最小の町でありながら，その取り組みは現在国内のみならず近隣諸国からも視察申請が絶えないほど注目を集めており，2012年度には34か国からの視察者が訪問した。

2 地域の資源を活用して経済を活性化させる仕組みとは何か
　——軽量多品種の「彩」の出荷現場から

　JR徳島駅から徳島バス勝浦線に乗り，国道55号線経由で勝浦町の中心部を通過した後，勝浦町内の「横瀬西（よこせにし）」①で下車する（図5.2.2）。そこで，上勝町営バス「八重地上（やえじかみ）行き」に乗

図5.2.2 横瀬周辺にみる徳島の中山間地域の景観（2014年8月，貝沼撮影）

り換え，「藤川(ふじかわ)」で下車し，JA東とくしま上勝支所（以下，JA上勝支所）②を訪れる。視察には，事前の予約が必要である。

当町の名を一躍全国的に有名にしたのは，いわゆる「葉っぱビジネス」といっても過言ではないであろう。既述のとおり，ミカンの木の全滅により，当町は大きな痛手を負った。そのなかで当時の農協職員の働きかけにより，既存の地域資源を活かし，料亭などで料理に添えられる紅葉や柿，南天，うらじろなどの「つまもの」を「彩(いろどり)」という名称で商品化し，出荷することとなった。「彩」は生産者自身が所有する山林や庭で栽培され，軽量作物ということもあり高齢者や女性にとっても扱いやすい。彩ビジネスは1986（昭和61）年に，わずか4名の女性で始まったが，2014年現在ではおよそ400名200世帯が生産者として活躍し，320種類が取り扱われる。さらに事業開始当初は年間12万円弱であった「彩」の総売上が，現在では年商2.6億円にまで成長し，累積売上高は22億円に達する。出荷先は，事業開始当初は大阪を中心とする関西地方に陸送していたが，事業が軌道に乗り始めた1988（昭和63）年からは徳島空港から空輸で出荷し，関東地方の市場に卸すようになった。さらに1993（平成5）年には九州地方に，1996（平成8）年には北海道地方に販路を拡大させた。

「彩」はJA上勝支所によって取りまとめられ，全国の市場へ出荷される。そして過剰出荷による値崩れを防ぐため，市場における需給バランスを考量して日々の商品別の出荷数をJA上勝支所が決定し，出荷の前日に全生産者に対してPCやタブレット，FAXなどにより一斉に情報を送信する。それをもとに，各生産者は自らが出荷したい商品を注文し，先着順で出荷者が決定していく。出荷者として確定すると，各生産者は商品を収穫してパック詰めや箱詰めを行い，翌日は午前11時半までにJA上勝支所に持ち込み，各自で出荷手続きを行う（図5.2.3）。

彩事業は，生産農家・JA上勝支所・第3セクター㈱いろどりの三者が一体となり運営されている。受注については既述のとおりであるが，さらにJA上勝支所が収集した販売単価や出荷数量などの情報を㈱いろどりが分析し，これを専用PCにて市況や出荷，分荷，出荷目標などをわかりやすい情報に加工して生産農家に伝達する。生産農家はこれらの情報をもとに，翌日の生産量や品目の選定を行うのみならず，中長期的な生産計画の参考にする。

現在の「彩」生産者の平均年齢は70歳であり，多い人では年間1千万円を稼ぐ。年金受給者であると同時に納税者として活躍する姿が，当町の「彩」非生産者をも含む高齢者を元気づける大きなきっかけとなっていることは間違いない。

このように，上勝町の活性化への基盤となった彩事業は，同町の人口に占める割合の高い高齢者が主体となって行われている。それは，生産者が所有する土地を利用して，この地に適した植物を栽培することで実現した。また

図5.2.3 JA東とくしま上勝支所で出荷手続きをする彩生産者（2014年8月，貝沼撮影）

出荷物が軽量であったことも，高齢者や女性にとり参入しやすいものであったといえよう。さらにはJAや第三セクターとの事業における共同体制も，効率的な仕組みをつくるには不可欠であった。このような条件が整ったことが，地域資源を活用した彩事業を成功に導いたといえる。

3 廃棄物を減らし，再利用するための仕組みとは何か
——ゴミゼロのまちを目指す取り組み

「八重地上行き」の町営バスで「藤川」から「日比ケ谷」まで移動する。

当町は，全国に先駆けて2003（平成15）年にゼロ・ウェイスト宣言を行った。また，資源の有効活用により，2020年までに焼却・埋め立て廃棄物をゼロにするべく取り組んでいる。

当町では，かつては野焼きを行っており，県からの指導でそれができなくなったものの，新しく焼却炉を設置して廃棄物を処理する財政的な余裕はなかった。そこで，住民自らが廃棄物を持ち込み，また一方で廃棄物を作り出さない仕組みを作り出した。その拠点となるのが，日比ケ谷ゴミステーション③である。

ステーションでは年末年始の3日間を除き，毎日7時半から14時半まで廃棄物を受入れる。各住民は持参した廃棄物を，34の分別箱やスペースに分けて置いていく（図5.2.4）。しかしながら，自ら廃棄物を持ち込むことができない住民には，2か月に1度程度の頻度で，町が回収に行くこともある。一見，不十分とも思われる頻度であるが，町の調査によれば重量比で全体の3割を占める生ゴミは，家庭への普及率98％の生ゴミ処理機で処分されるため，大きな問題とはなっていない。1995年以降，町が補助金を拠出することで，各世帯は1万円の自己負担で電動生ゴミ処理機を購入することが可能となり，生ゴミの堆肥化が促進されることになった（総務省HP 2014）。

ステーションに持ち込まれ，分別された廃棄物は，それぞれ焼却・埋め立て廃棄物を除き，リサイクルされる。種類別に用意された分別箱やスペースにリサイクルの収集先を明記することで住民のリサイクル事業への参加意識を高め，2014年現在，当町におけるリサイクル率は75％となっており，これは全国平均の約20％を大きく上回る。

ステーションに隣接する「くるくるショップ」では，衣料や雑貨などで，当人には不要だが使用可能なものが持ち込まれて陳列され，希望者はそれを自由に持ち帰ることができる。また「くるくる工房」では，リメイク商品の制作と販売を行っている。2004年頃から不要となった布団の綿を利用して座布団を制作したのが活動開始のきっかけであったが，これには介護予防の効果も期待されている。

このように，当町ではその財政規模から廃棄物を収集車により定期的に回収することが不可能であることから，住民自身が廃棄物を持ち込み，それをリサイクル，リユースする仕組みを作り上げ，廃棄物の削減に成功している。人口規模などを考慮すると，これはす

図5.2.4 日比ケ谷ゴミステーションに持ち込んだ廃棄物を分別する町民（2014年8月，貝沼撮影）

図 5.2.5　樫原の棚田と水車（2014年8月，貝沼撮影，口絵8参照）

図 5.2.6　上勝町を流れる旭川（2014年8月，貝沼撮影）

べての自治体に適用可能なシステムではないかもしれないが，部分的にでも応用可能であると考えられる。

4　地域資源を活かした次世代を担う人材育成の取り組み
——棚田オーナー制度にみる労働力確保

再び，町営バス「八重地上行き」に乗車し，「神田（じでん）」④で降車する。50分ほど山道を登り，細い林道を通り過ぎると，樫原（かしはら）の棚田⑤が一面に広がる（図5.2.5）。

ここ樫原では，標高500〜700 mの約5ヘクタールの土地に大小約400枚の棚田が並ぶ。江戸時代後半の1813（文化10）年に阿波徳島藩が作成した縮尺約1800分の1の実測村絵図と比較すると，現在でも当時とほぼ変わらない原風景が残されていることがわかる（上勝町産業課 2012）。

ここでは，春から秋にかけては米，秋から春にかけては小麦や大麦，裸麦，菜種を栽培する二毛作が営まれている。米や麦の脱穀や精米・精麦には町内で共同管理される水車が利用される。棚田法面は，コンクリートやブロック擁壁のみならず，空石積の擁壁となっており，積み上げられた石の間から流れ出す湧水が田を潤している。それはまた，植物や生物の生息地ともなっており，大雨の際の洪水を防ぐ役割も担った。このような先人の高度な技術力に支えられた機能美により，1999（平成11）年に「日本の棚田百選」に，2010年に「重要文化的景観」に選定された。

しかし後継者不足により，棚田の維持が困難になっている。平均勾配が25％という急傾斜地に展開することもあり，高齢者にとってその農作業は容易ではなく，棚田を放棄せざるをえない者もいる。そこで2005（平成17）年からは棚田オーナー制度を導入し，徳島市を中心とする町外の棚田オーナーとの交流を深め，棚田の耕作体験や放棄地の復田などに取り組んでいる。さらに当町では，インターンやIターン希望者の受け入れ事業により，若者の定住化にも積極的に取り組んでいる。この地に縁も所縁もない人々が当町に関心を持ち，この町の事業に参加し，最終的に上勝町の一員となることは，いずれの過程においても容易に導きうるものではない。しかし，㈱いろどりによると2010年から内閣府や上勝町の事業として受け入れたインターン生は426名になり，そのうち33名が現在，同町に在住もしくは就業している。

古来から引き継がれてきた美しい景観を守っていくことは意義深いものの，高齢化が進行

する社会において，それは容易ではない。本事例は，景観保全と後継者育成が同時に実現しうる可能性を示唆しているものといえよう（図5.2.6）。

5 今後の学修課題
――高齢化社会における持続可能なまちづくりに不可欠な要素とは

現在，多くの高齢化地域が様々な問題に直面している。その中でも財源の確保，資源の有効活用，それを継承する後継者の育成は，最重要課題といっても過言ではない。今回みてきた徳島県上勝町では，地域資源を活かした生産活動を中心に経済の基盤を確立し，資源を再利用し廃棄物をつくりださないことで環境保全を実現している。また自然が豊かで美しい景観も活用して外部の人間を取り込んだ人材育成に取り組んでいるが，彼らが将来的に上勝町民となり，その魅力を外に向けて力強く発信していくことで地域の認知度もあがり，社会は存続していくのであろう。

今回紹介した上勝町における持続可能なまちづくりの取り組みは，あくまで一つの事例に過ぎない。気候や地形，産業構造，人口規模などが異なる自治体であれば，当然別の手法が採られるであろう。日本全国の過疎高齢化の問題を抱える自治体がいかなる取り組みを実施しているか，上勝町の事例を参考にしながら比較し，その有効性を考えてほしい。

［貝沼恵美］

参考文献
笠松和市・佐藤由美（2008）:『持続可能なまちは小さく，美しい――上勝町の挑戦』学芸出版社。
上勝町産業課（2012）:『上勝の棚田』上勝町。
上勝町産業課（2013）:『いっきゅうと彩の里・かみかつ』上勝町。
総務省HP（2014）: http://www.soumu.go.jp/main_content/000063256.pdf（最終閲覧日　2014年10月10日）

第5章 地方の活力を捉える

5.3 都市の活性化とは何か
―― 福岡市の都市開発から考える

ポイント
1. 都市の経済活動の意義を高次の商業施設と業務管理機能の集積から考える。
2. 都市の交通開発の意義を物流・旅客流動の結節点として考える。
3. 都市の観光開発の意義を経済的影響から考える。

コース： 西鉄福岡（天神）駅①→天神1丁目②→西鉄福岡駅①→（バス）→博多ポートタワー③・フェリー発着所④・福岡国際センター⑤→（バス）→櫛田神社⑥・中洲地区⑦→キャナルシティ博多⑧→JR博多駅⑨（日帰り）

ルートマップ

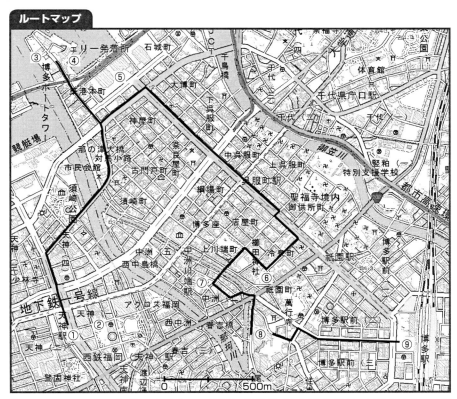

図 5.3.1　ルートマップ（2万5千分の1地形図「福岡」平成20年発行，120%拡大，一部加筆）

1　事前準備

今回のエクスカーションの主テーマには，都市における「地域活性化」を据えた。都市の地域活性化では，社会的・経済的機能の維持・持続に力点が置かれており，たとえば，1998（平成10）年制定の中心市街地活性化法

において，都市中心部の活性化として「市街地の整備改善」と「商業等の活性化」が取り上げられている（伊藤 2013）。今回，九州地方の広域中心都市（地方中核都市）である福岡市を事例に，都市の経済活動，交通開発，観光開発といった側面に着目して社会的・経済的機能が維持されるための背景を考察することで，都市の地域活性化の特徴をみていきたい。

今回の地理エクスカーションを行う福岡市の基礎的情報を，史資料や，総務省統計局 HP での国勢調査の結果，福岡市 HP などから収集する。福岡市は，博多湾に面した福岡県の北端に位置し，341.3 km^2 の面積に，2010年国勢調査では人口 146 万を有する。市域は，北は博多湾の砂州である海の中道および陸繋島である志賀島から，南は脊振山地南麓まで，東は三郡山地から，西は糸島半島の東部付近まで広がる。市域の中央には博多湾に至る那珂川が流れ，御笠川，那珂川，室見川などによって形成された沖積地である福岡平野に市街地が発達している。同市は，1889（明治22）年の市政施行以降，経済の中心地として拡大し，第2次世界大戦時の大空襲によって大きな被害を受けたものの，戦災復興を経て，社会・経済的に急速に発展を遂げた（堂前 2007）。県や国などの広域行政機関が古くから設置され，1972（昭和47）年の政令指定都市昇格後には，地下鉄の開通，都市高速道路や下水道の整備といった都市基盤が整備されるとともに（福岡市 HP 2014），大企業の支店・支社・営業所が増加する，いわゆる「支店経済」が拡大し，さらに中央区天神地区を中心に商業施設の集積も進んだ。

こうした変化を通じて，当市は，政治，経済，文化，情報において広域的な影響力を有する広域中心都市へと変貌し，また，韓国や中国などの東アジアとの物資や観光客を通じて結びつく国際都市として発展している。中心市街地には社会・経済・文化施設が集積するほか，交通機関も充実している。

2 都市の経済活動とは何か？
―― CBD での高次の商業施設と業務管理機能の集積

当市は，政令指定都市として7つの行政区を設置しているが，県庁と博多駅のある博多区と，市役所などのある中央区は，多くの事業所が集まる都市中心部を形成する。今回，中央区の西日本鉄道天神大牟田線福岡（天神）

図 5.3.2 西鉄福岡駅の外観（2014年7月，伊藤撮影）

> ● **CBD（中心業務地区）の捉え方**
>
> 日本地誌研究所編（1989）の『地理学事典改訂版』によれば，CBD とは「中枢管理機能と中心商業機能が大量に集積」する場所であり，「官庁・商社・銀行・保険・取引所および新聞・雑誌・放送・広告などのマスメディアのオフィスビルが集中」している場所と説明されている。こうした土地利用の特徴に加えて，都市中心部の特定地域にオフィスが集中するために，大規模な高層建築物が林立し，建築物が周辺よりも明瞭に高層化しているという景観上の特徴がみられる。さらに，大規模なオフィスビルを中心とする地区であるため，昼間人口は多いものの，夜間人口は極端に少ないという昼夜間人口比のアンバランスとなっている点も特徴である。

図 5.3.3　西鉄福岡駅周辺の大型商業施設（岩田屋）（2014年7月，伊藤撮影）

図 5.3.4　西鉄福岡駅周辺での金融・証券会社の看板（2014年7月，伊藤撮影）

駅（以後，西鉄福岡駅）①からエクスカーションを開始する（図5.3.2）。同駅の周辺の天神地区②を中心とする一帯は，高次の商業施設が立地する消費経済の中心地であるだけでなく，重要な社会・経済施設が集積するCBD（中心業務地区）となっている（囲み記事）。まず，商業施設をみると，西鉄福岡駅のある大通り（渡辺通り）西側に，中小の小売店舗や飲食店に加え，岩田屋本店（現在は三越伊勢丹ホールディングス傘下）や（図5.3.3），全国展開する三越といった百貨店，高額の衣料品や装飾品を扱う専門店などの商業施設のほか，各種サービス施設が集積する。これらの商業・サービス施設は多くの消費者を吸引し，とくにブランド品を代表とする高額商品を扱う高次の商業施設は，県内だけでなく近隣県の顧客も引きつける。

また，福岡市役所や中央警察署といった行政機関，西日本新聞社，あるいは国際会議場を備えた複合施設であるアクロス福岡などの文化・情報施設，日本銀行福岡支店，福岡証券取引所，銀行，証券会社，保険会社などの本支店，さらに，地元企業や国内外の大企業の事業所も天神地区には多数立地する。中でも金融機関の集積が顕著であり（図5.3.4），これらは地元企業だけでなく，九州地方の各地でも営業活動を行う大企業の支店・営業所とも取引を行う。こうした経済活動を通じて，市，県，九州地方の地域経済発展の基盤を提供している。また，同地区に集まる地元企業の本社・本店や大企業の支店の一部は，対顧客サービスに加えて，日常業務を円滑に進めるための情報分析，経営戦略の立案，経理や労務といった，いわゆる業務管理を担当する。こうした業務管理機能を介して都市中心部と県内や九州地方の支店・営業所とが結びつくため，天神地区を中心とした地域は，経済的側面において広い範囲に影響を及ぼしている。

CBDでの高次の商業施設と社会・経済施設の集積を通じて，消費行動や企業活動が活発化し，その蓄積によって，都市の経済分野での活性化が期待できる。

3　都市の交通開発の意義は何か？
——遠距離と近距離の物流・旅客流動の結節点

西鉄福岡駅①に戻り，大通りのバス停から，路線バスで博多ポートタワー③に移動する。ソラリアターミナルビルの一角を占める同駅は，西鉄天神大牟田線の起点であり，特急を利用すると，二日市・久留米・柳川などの諸都市を経由し，大牟田までの74.8 kmを約1

時間で移動できる。2013年度の1日あたりの平均乗降客数は約13万人であり（西日本鉄道株式会社HP 2014），JR博多駅の10.9万人（2012年度）を上まわる（JR九州HP 2014）。同駅は，福岡空港やJR博多駅とは地下鉄で結ばれており，最寄りの地下鉄天神駅から地下道などで移動できる。ビジネスや観光客を中心とする遠方からの来訪者にとっての近距離交通への乗り換え地点として，また，近隣の居住者にとっての通勤・通学や，買い物といった生活行動における重要な結節点となっている。

福岡ポートタワー③は，博多港の博多ふ頭に1964（昭和39）年に完成した高さ約100mの塔であり，地上70m付近にある展望室からは湾内や市内を一望できる。タワー東隣はフェリー発着所④となっており，壱岐・対馬などへの定期便や，博多湾内の観光船が運行されている。また，商業施設，飲食店が入居する複合施設のベイサイドプレイス博多も立地する（図5.3.5）。タワーの南東方向に，大規模な催し物に対応する福岡国際会議場や国際センター⑤，また，コンサートホールを備えたホテルの福岡サンパレスを確認でき，臨海部における大規模集客施設の開発が進んでいることがわかる。博多港では，港湾施設が大規模に整備されており，旅客だけでなく船舶による国際貨物輸送の拡大が目指されている。福岡市港湾局振興課資料によれば，2014年9月において，博多港のコンテナ船を用いた定期航路は，アジア，北米など11か国・地域42の主要港との間の39航路であり，月間210便が航行している。また，博多港は，韓国などのアジア各国からの入国者も多く，2012年において20.6万人の外国人が入国している（福岡市観光戦略課2014）。アジア各国からの来訪者の存在は，タワーにおける展示物への中国語や韓国語による表記からもうかがい知ることができる。

都市内における鉄道などの公共交通機関や道路整備といった交通網整備は，人員や物資の効率的な移動を可能とし，また，これを背景として都市中心部と周辺地域との社会・経済・文化的結びつきを強めている。さらに，海上交通の展開は，人的な交流に加えて，貿易の拡大といった経済活動の維持・拡大につながっている。

4　都市の観光開発の意義は何か？
――経済的影響

ベイサイドプレイス博多付近から博多駅方向の路線バスに乗車し，「奥の堂」バス停で下車する。徒歩にて博多区内の櫛田神社⑥，中洲地区⑦を経由して，キャナルシティ博多⑧に至る。商人のまちとして町人文化が古くから発達した博多（現在の博多区の一部）には，博多織や博多人形といった伝統工芸品のほか（図5.3.6），住吉神社や櫛田神社⑥などの歴史的・文化的施設が残されている。伝統行事も維持されており，多くの観光客が見学に訪れる。毎年5月に博多どんたく港まつりが行われ，主催者発表によれば，2013年の

図5.3.5　博多湾に面する福岡ポートタワー（右上）と複合施設（2013年7月，伊藤撮影）

図 **5.3.6** 観光施設における博多織の実演（2009年11月，伊藤撮影，口絵9参照）

図 **5.3.7** キャナルシティ博多に展示されている山笠（2013年7月，伊藤撮影）

参加はのべ約650団体，出場者約3.3万人とされ，見物客も約200万人とされている（福岡市民の祭り振興会HP 2014）。また，毎年7月には，櫛田神社に関連する催事である博多祇園山笠が行われ，山車状の神輿・祭具である山笠が市内を巡る「追い山笠」を中心に，市内外から多くの観光客を引きつけている。

中洲地区⑦は，那珂川と博多川によってできたデルタ上に，明治期以降に飲食店が増え（山田・山崎編1997），市街地へと発達した場所である。現在，西日本随一の歓楽街として知られており，同地区には，大小の飲食店や，宿泊施設といった経済波及効果の高いサービス業が集積している。中洲地区から博多川を渡り，東へ移動すると，1996（平成8）年に開業した大型複合施設であるキャナルシティ博多⑧がみえてくる（図5.3.7）。この施設は，工場跡地における住吉地区第一種市街地再開発事業によって開発されたものであり，約4 haの敷地に，ショッピングモール，映画館，劇場，アミューズメント施設，ホテル，ショールーム，オフィスなどが入居している。年間を通じて，多数の買い物客やビジネスマン，市外からの観光客などが往来する施設となっている。来訪者の多い大型複合施設では，JR博多駅⑨を中核とする博多シティも，九州新幹線鹿児島ルート全線開通とあわせて2011年に開業している。

> ●**入込観光客**
> 観光を主な目的とする地域外からの来訪者のこと。市町村などを基準として考えたとき，国外や他の市町村からの観光客であり，観光地を多く抱える場所ほどこの数値が大きくなる傾向になる。

こうした施設整備を中心にした都市開発に伴って，観光客も増加傾向にある。同市への入込観光客（囲み記事）の数は，2009年から2012年まで毎年増加し，とくに九州新幹線が開通した2011年以降にはJRを利用した観光客数の増加がみられる（福岡市観光戦略課 2014）。また，宿泊客数や県外からの観光客数も，上記の期間に増加しており，さらに，観光消費額も入込観光客の増加に伴って微増している（福岡市経済観光文化局観光戦略課 2014）。

このように，同市では地域資源を活用して周辺から観光客を吸引するだけでなく，新しい観光スポットの建設や交通網の整備などが進められており，これらを背景として観光産業が維持・発展し，観光業が地域経済へプラスの効果を与えているといえるだろう。

5 今後の学修課題 ——都市開発を通じた地域の活性化

　これまでみたように，都市中心部，とくにCBDでの高次の商業施設と社会・経済施設の集積を通じて，消費行動や企業活動が活発化し，その蓄積によって，都市の経済分野での活性化が期待できる。また，都市内における交通網整備は，人員や物資の効率的な移動を可能とし，同時に海上交通の展開を通じて人的交流や貿易拡大などの社会・経済活動の維持・拡大につながる可能性がある。さらに，観光業でも地域資源を活用するだけでなく，新しい観光スポットや交通網が整備されることで，地域経済が維持されていることを理解できた。

　今回，都市の経済活動，交通開発，観光開発といった側面から，社会的・経済的中心地として維持されるための背景を考察してみた。今後，これまでの説明を手掛かりとしながら，①広域中心都市の特徴を，施設立地という見方からまとめ，②札幌市・仙台市・広島市といった他の広域中心都市を事例としながら，共通点や違いを考え，③人口規模の小さな都市との共通点や違いも考えてみよう。

［伊藤徹哉］

参考文献

伊藤徹哉（2013）：都市再生をまちづくりに取り入れる――福島県福島市。片柳　勉・小松陽介編著『地域資源とまちづくり――地理学の視点から』古今書院，97-106。

堂前亮平（2007）：北九州地方。立正大学地理学教室編『日本の地誌』古今書院。

西日本鉄道株式会社HP（2014）：http://www.nishitetsu.co.jp/group/enterprise_1.html（最終閲覧日2014年9月13日）

日本地誌研究所編（1989）：『地理学辞典　改訂版』二宮書店。

福岡市観光戦略課（2014）：『平成24（2012）年福岡市観光統計』福岡市。

福岡市経済観光文化局観光戦略課（2014）：『平成24年　観光統計の概要』福岡市。

福岡市HP（2014）：http://www.city.fukuoka.lg.jp/promo/magazine/index.html（最終閲覧日2014年3月5日）

福岡市民の祭り振興会HP（2014）：http://www.dontaku.fukunet.or.jp/（最終閲覧日2014年9月14日）

山田安彦・山崎謹哉編（1997）：『歴史のふるい都市群11　北九州地方の都市』大明堂，68-70。

JR九州HP（2014）：https://www.jrkyushu.co.jp/profile/outline/data.jsp（最終閲覧日2014年9月13日）

第 5 章　地域の活力を捉える

5.4　地域における交通の役割とは何か
―― 秩父鉄道による長瀞の観光開発から考える

ポイント
1. 鉄道会社による観光開発を通じて，交通から地域への作用を考える。
2. 地域的条件が鉄道会社へ与える影響を通じて，地域から交通への作用を考える。
3. 旅客や貨物の輸送にとどまらない，地域における交通の役割を考える。

コース：　秩父鉄道長瀞駅①→長瀞駅前交差点②→有隣倶楽部③→宝登山神社④→宝登山ロープウェイ⑤→宝登山小動物公園⑥→長生館⑦→長瀞岩畳⑧→埼玉県立自然の博物館⑨→上長瀞駅⑩（日帰り）

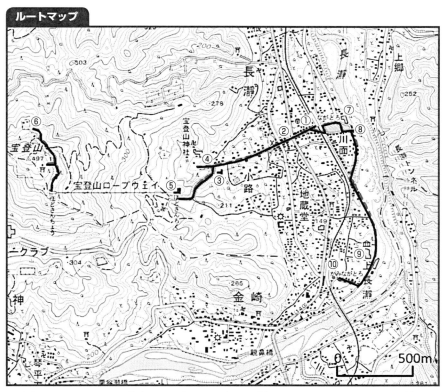

図 5.4.1　ルートマップ（2万5千分の1地形図「鬼石」平成18年発行，一部加筆）

1　事前準備

今回のエクスカーションでは，秩父鉄道株式会社と，その沿線自治体の一つを事例として，地域における交通の役割をみていく。事例とした自治体は，年間200万人（2010年）の観光客が訪れる埼玉県長瀞町である（長瀞町HP 2014）。エクスカーションでは，まず，秩父鉄道による長瀞の観光開発を通じて，交

通から地域への作用を考える。次に、長瀞の自然環境などの地域的条件が秩父鉄道に与えた影響を通じて、地域から交通への作用を考える。最後に、これら2つの視点に基づいて、地域における交通の役割を考えたい。

まず、秩父鉄道ホームページや史資料などを参照して、秩父鉄道の概要と沿革を整理する。秩父鉄道は、埼玉県羽生市の羽生駅から熊谷、寄居、長瀞、秩父を経て三峰口駅まで、埼玉県北部を東西に結ぶ71.7 kmの本線と、7.6 kmの三ヶ尻線を保有する「地方民鉄」である（囲み記事）。秩父鉄道は沿線地域の通勤通学客や観光客などの旅客輸送の他、親会社の太平洋セメントのセメント原料（石灰石）などの貨物を輸送している（秩父鉄道HP 2014）。

秩父鉄道の前身である上武鉄道株式会社は、1899（明治32）年、秩父地方の生糸などの輸送を目的として、同社初代社長である秩父の織物買継商の柿原萬蔵をはじめとする秩父、熊谷、寄居の資本家などの出資によって設立された。当初、熊谷駅から建設が進められたものの資金難に苦しみ、深谷出身の実業家である渋沢栄一らの経営参画を得てようやく長瀞に達し、客貨収入が増加して、経営が改善していった（老川 2011）。

上武鉄道は1914（大正3）年に秩父大宮まで開通し、1916（大正5）年に秩父鉄道と改称した。さらに、秩父鉄道は武甲山の採掘権を得て石灰石採掘にも乗り出し、1923年に秩父セメント株式会社（現在の秩父太平洋セメント株式会社）を設立した。秩父セメント初代社長には秩父鉄道第3代社長の諸井恒平が就任し、秩父鉄道はセメント中心の鉄道に変貌していくとともに、秩父における産業発展に大きく貢献してきた（井上 1950）。

しかしながら、秩父鉄道の輸送量は沿線地域における人口の減少やセメント需要の低下

●地方民鉄

地方民鉄とは地方民営鉄道の略称であり、全民営鉄道事業者から、JR各社と大手民鉄16社の他、公団、モノレール、新交通システム、鋼索鉄道などを除いた事業者を指す。一般社団法人日本民営鉄道協会（2006）によると、地方民鉄は、地域における公共交通として重要な役割を果たしているものの、沿線人口の減少や自家用車の普及、道路整備の進展などによって輸送人員が減少し、厳しい経営環境に悩まされ続けている。

そこで、地方民鉄の多くは国や地方自治体から財政援助を受ける一方で、経営改善のために合理化や事業の多角化を進めている。地方民鉄各社の取り組みには、地域資源を活かした個性的で様々な活性化策がみられる。

などによって旅客・貨物ともに減少してきたため、同社は鉄道事業の他、地元と連携した観光事業の強化や不動産事業などに経営を多角化させてきた。

2　交通から地域への作用とは何か？
――秩父鉄道による長瀞の観光開発

上武鉄道が長瀞駅①に到達したのは、1911（明治44）年の波久礼～金崎間の開業時である。長瀞駅は、ほぼ開業当時の姿の木造駅舎で、ホーム上屋には古レールが使われるなど秩父鉄道の歴史を物語るものであることから、1997（平成9）年に第1回関東の駅百選に選定されている（図5.4.2）。また、駅構内には秩父鉄道の広告看板（図5.4.3）があり、同社の沿線地域における事業展開の一端が垣間見える。

まずは宝登山へと向かう。長瀞駅舎の前には、渋沢栄一の書で「長瀞は天下の勝地」と書かれた記念碑がある。さらに、長瀞駅前交差点②で存在感を放っている鳥居（図5.4.4）の銘板をみると、諸井貫一が1956（昭和31）年に奉納したことがわかる。同氏は前述の諸井恒平の長男で、秩父鉄道会長、秩父セメン

図 5.4.2　長瀞駅舎（2010 年 6 月，山田撮影）

図 5.4.4　長瀞駅前交差点の鳥居（2011 年 11 月，山田撮影）

図 5.4.3　長瀞駅構内の広告看板（2012 年 11 月，山田撮影）

図 5.4.5　宝登山神社本殿（2011 年 11 月，山田撮影）

ト会長などを歴任した人物である。記念碑と鳥居のいずれからも，秩父鉄道と地域との縁を感じることができる。

　さて，長瀞駅前交差点から宝登山神社の少し手前まで来ると，左側に有隣倶楽部③とガーデンハウス有隣がみえてくる。もともと有隣倶楽部は，1928 年に長瀞町上長瀞に建設された秩父鉄道の保養所であり，1980 年に現在地へ移築されてレストランとなった（新井監修 1999）。有隣倶楽部はガーデンハウス有隣とともに，秩父鉄道の直営となっている。

　宝登山神社④（図 5.4.5）は 2010 年に鎮座 1900 年を迎えた。秩父神社，三峰神社とともに秩父三社の一社であり，日本武尊ゆかりの神社として信仰を集めている。宝登山神社は秩父鉄道ともかかわりの深い神社である。

宝登山神社は 2009 年に御鎮座 1900 年記念事業として社殿改修工事を終えた。2011 年には『ミシュラン・グリーンガイド・ジャポン（フランス語版改訂第 2 版）』に「一つ星」として掲載されるなど，長瀞における観光の核としても注目されている。

　宝登山神社を参拝した後は，全長 832 m，標高差約 240 m の宝登山ロープウェイ⑤に乗って宝登山山頂へ向かう。このロープウェイは 1961 年に開業し，秩父鉄道子会社の宝登興業株式会社が経営している。ロープウェイの 2 つの搬器は 1960 年に製造されたもので，かつての秩父鉄道の鉄道車両を彷彿とさせる塗装がなされている（図 5.4.6）。宝登山山頂と宝登山神社奥社を参拝したら，1960 年に開園し，秩父鉄道が直営している宝登山小動物公園⑥

図 5.4.6　ロープウェイ（2010 年 5 月，山田撮影）

図 5.4.7　長瀞ライン下りの船着場（2010 年 6 月，山田撮影）

も訪ねたい。ロープウェイの搬器の愛称「もんきー」，「ばんび」は，この動物園で親しまれているサルやシカに因んだものである。また，山頂駅周辺には梅園やロウバイ園などが整備され，それぞれの開花シーズンには多くの観光客で賑わう。

　長瀞駅①まで戻り，長瀞の岩畳⑧へ向かう。踏切を渡ってすぐ左手には，秩父鉄道直営の長瀞ラインくだりの案内所がある。案内所前のT字路を東に曲がってしばらく行くと，秩父鉄道の系列旅館である長生館⑦につきあたる。長生館は秩父鉄道の所有する不動産（賃貸施設）の一つである。長生館の発祥は，1912（大正元）年に上武鉄道が旅客誘致の方策として建設した旅館であり，当初，東京自笑軒が経営に当たった（新井監修 1999）。土産物店の立ち並ぶ岩畳通り商店街を抜けて荒川に出れば，長瀞の岩畳⑧である。長瀞ラインくだりの船着場には，船体に秩父鉄道と書かれた川舟がみえる（図 5.4.7）。秩父鉄道は 1917 年から遊船業を開始している（井上 1950）。

　このように秩父鉄道は，長瀞の初期の観光地開発に大きく関わってきた。

3　地域から交通への作用とは何か？
——地域的条件が秩父鉄道に与えた影響

　長瀞の岩畳⑧は主に結晶片岩で構成され，関東から九州まで続く三波川変成帯の中でも，その観察の適地となっている。岩畳付近では石墨片岩や緑泥石片岩をはじめ，さまざまな結晶片岩がみられる。1878（明治 11）年の東京大学地質学科教授ナウマン博士による調査以来，長瀞は地質学の研究拠点となり，「日本地質学発祥の地」，「地球の窓」とも呼ばれた。そのため，長瀞は 1924（大正 13）年に国の名勝・天然記念物に指定された。この指定により荒川沿岸一帯は風致保存のため保安林に編入され，秩父鉄道も対岸の山林を買収し，景勝の保存に努めた（井上 1950）。

　荒川沿いには遊歩道があり，そのまま上流側へ埼玉県立自然の博物館付近まで歩いても良いが，長瀞駅の踏切まで戻り，桜の並木道沿いに南下するのもよいだろう。この並木道は，図 5.4.8 の荒川左岸沿いにみられる支線の跡である。当初，上武鉄道は荒川左岸を秩父まで延長する計画であった。ところが，金崎駅（図 5.4.8 では「くにがみ」駅）から先の地盤が脆弱で，線路を敷設できなくなったため，荒川に架橋して荒川右岸から秩父を目指すこととなった。宝登山駅（現・長瀞駅）から国神駅間は貨物支線となったが，1926（昭和元）年に廃止された（井上 1950）。また，

図 5.4.8 上武鉄道の貨物支線（5万分の1地形図「寄居」大正6年発行）

図 5.4.9 秩父鉄道荒川橋梁（2011年8月，山田撮影）

路線変更のためにやむなく架橋された荒川橋梁であるが，今では秩父鉄道を代表する景観の一つを形成している（図5.4.9）。

かつての支線跡の並木道を南下すると，左手に養浩亭，右手に埼玉県立自然の博物館が見えてくる。養浩亭は，貨物駅となった旧国神駅の待合室の一部を1915（大正4）年に簡易旅館兼休息所として移設したものが発祥で

ある。埼玉県立自然の博物館⑨も，1921（大正10）年に上武鉄道によって開所された鉱物植物標本陳列所が発祥である。同所は1949（昭和24）年には秩父自然科学博物館として再整備され，その後，1981（昭和53）年に埼玉県へ移管されて埼玉県立自然史科学博物館となり（新井監修 1999），2006年からは埼玉県立自然の博物館となっている。2011年には秩父地方が日本ジオパークに認定され，その学習拠点の一つにもなっている。

博物館には，秩父市や小鹿野町などで化石が発見されたほ乳類「パレオパラドキシア」の骨格復元像が展示されている。都心に一番近く，親子連れも気軽に乗れるSLとして親しまれている秩父鉄道のSLパレオエクスプレス（口絵10）の名称はこれに因む。

秩父鉄道のパレオエクスプレスは，SLを利用した観光振興の典型といえる。パレオエクスプレスの運行は，1988（昭和63）年，熊谷市で開催された「さいたま博覧会」に合わせて，秩父鉄道沿線市町村と埼玉県の融資によって組織された埼玉県北部観光振興財団によって開始された。パレオエクスプレスは2003年から秩父鉄道の自主運行となっている。2014年には，秩父市羊山公園の芝桜の開花時期にあわせたSL芝桜号や，自然の博物館と連携したSL長瀞ミュージアムトレイン，埼玉県深谷市に本社を置く赤城乳業株式会社の商品「ガリガリ君」とタイアップしたSLガリガリ君エクスプレスが運行されるなど，沿線のさまざまなイベントや企業などと結びついている（秩父鉄道HP 2014）。

自然の博物館を見学したら上長瀞駅⑩で解散する。時間があれば支線跡の道をさらに進んでみるのも良いだろう。

このように，長瀞における自然環境が秩父鉄道に観光客を誘引する一方，国神周辺の地

盤条件が，秩父鉄道に路線変更と荒川架橋を強いることとなった。しかしながら，その橋梁や，周辺で発掘された化石などが，さらなる観光資源として活用されていることがわかる。このような地域から交通への作用は，秩父鉄道で販売されているグッズからもみえてくる（図5.4.10）。

4　今後の学修課題
　　　──地域と交通との関係

　これまでみてきたように，交通から地域への作用としては，秩父鉄道が数多くの観光施設を開設し，長瀞が観光地として発展する一因となっていることがわかった。また，地域から交通への作用としては，長瀞周辺の自然環境が観光資源となって秩父鉄道の観光客輸送を支え，一方で路線計画の変更なども生じさせたことも理解できた。さらに，観光振興を目的とする沿線地域の連携によって秩父鉄道にSLが運行され，秩父鉄道の観光鉄道としての性質を強めさせたこともわかった。

　地域における交通企業の活動は，旅客や貨物の輸送のみにとどまるものではない。今後は，交通企業が地域においてどのような企業活動を展開しているか，そこでは沿線の地域資源をどのように活用しているか，他の交通企業と比較してどのような差異があるかといった点に注目して，地域と交通との関係や，地域における交通の役割について考察してみよう。
　　　　　　　　　　　　　　　　　［山田淳一］

図 **5.4.10**　秩父鉄道の関連グッズ（2015年3月，山田撮影）

参考文献
新井壽郎監修（1999）:『秩父鉄道の100年』郷土出版社。
一般社団法人日本民営鉄道協会（2006）: 地方民鉄の現状と課題。http://www.mlit.go.jp/singikai/koutusin/koutu/chiiki/3/images/05.pdf（最終閲覧日 2014年9月3日）
井上啓蔵編（1950）:『秩父鉄道五十年史』秩父鉄道株式会社。
老川慶喜（2011）:『埼玉鉄道物語──鉄道・地域・経済』日本経済評論社。
秩父鉄道HP（2014）: http://www.chichibu-railway.co.jp/（最終閲覧日 2014年9月3日）
長瀞町HP（2014）: http://www.town.nagatoro.saitama.jp/stat/stat05-1/（最終閲覧日 2014年9月3日）

第 5 章　地域の活力を捉える

5.5　内陸都市高山の商業活動を捉える視点とは何か

ポイント
1. どのような場所で商業活動は行われているか？
2. 商業活動にはどのような姿があるのだろうか？
3. 商業地の分布はどのように変化しているか？

コース：（1日目）JR高山駅前①→国分寺通り②→安川通り③→上三之町④→高山陣屋前⑤→宿泊先。（2日目）宿泊先→宮川朝市⑥→本町通り⑦→JR高山駅前①（1泊2日）

ルートマップ

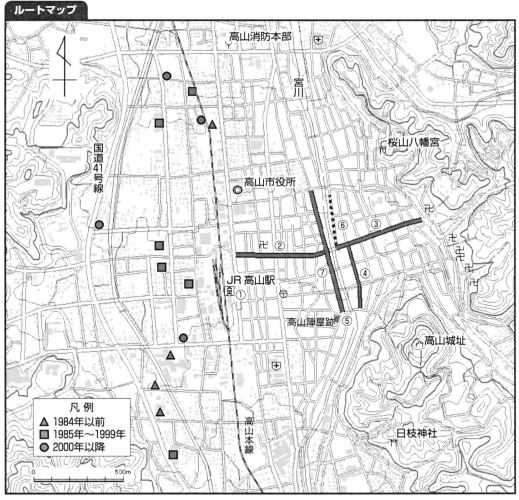

図 5.5.1　ルートマップと高山市中心部の商業地と商業施設
　図中の凡例記号は，大規模小売店舗を意味する。
（高山市（2010）より作成。ベースマップは国土地理院による基盤地図情報（25000レベル）を使用）

1 事前準備

　岐阜県飛騨地方の中心都市である高山市は四方を山々に囲まれる内陸都市。市役所付近の標高値は569 mに達する。2010年国勢調査による人口は92,747人，そのうち人口集中地区（DID）の人口は39,025人である。2000年以降，人口集中地区における人口減少が顕著となり，郊外化の進展を読み取ることができる。高山市の人口規模順位は県内6位であるが，2012年の商業販売額は2,269億円で同4位の規模を誇る。市内には，岐阜地方裁判所高山支部や高山税務署などの国の出先機関，飛騨県事務所をはじめとする県の諸機関，四つの高等学校と短期大学，そして二つの総合病院が立地する。こうした都市の機能の中で，地域住民にもっとも近接して存在するのが商業である。本来，商業とは商品の生産地と消費地を結ぶ活動のことであり，地理学の分野ではおもに「商品の供給地」，「商品の輸送」，「商店街や流通団地などの商業地」，そして「商圏」に関する地域的な分析と考察に関心が注がれてきた（位野木・沢田編著1972）。これらの内，本節では内陸都市高山の「商業地」をテーマとして，それぞれの特色を位置・形態・顧客と関連づけながら巡検し考察してみたい。

　観察にあたっては，図5.5.1でルートや商業地の位置を確認するだけでなく，2万5千分の1地形図「高山」「三日町」のほか，都市地図「高山・飛騨市」（昭文社）や基盤地図情報（2500レベル）などの地図類と，図5.5.2のような調査票をあらかじめ用意し，現地に赴くとよい。巡検中は商業活動が行われている場所と形態に注意を払い，自身が関心を持っ

高山市の商業活動調査票-1

高山市市街地の商業地域構造（三町筋・本町通り・国分寺通り・安川通り）
1. 業種構成
　店舗ごとに業種を調べる。1階のみ。
　（業種分類）
　1.洋服・服地　2.洋品・雑貨　3.呉服　4.履物　5.時計・眼鏡・貴金属
　6.和・洋菓子　7.飲食店（和・洋・中・麺）　8.食料品　9.書籍・文具
　10.薬・化粧品　11.鞄・袋物　12.傘・毛糸・手芸　13.楽器・写真
　14.金物・雑貨　15.美術品　16.骨董　17.電気器具　18.玩具・運動具
　19.喫茶店　20.家具　21.服飾品　22.スーパー　23.コンビニ
　24.パチンコ・ゲームセンター　25.映画館・劇場
　26.工芸（春慶塗・一位一刀彫・陶磁器）　27.土産品　28.金融・保険
　29.事務所　30.その他（具体的に）　31.宿泊施設　32.屋台蔵
　40.住居　50.閉鎖店舗
2. 建築様式
　建築分類：1.木造・モルタル　2.鉄筋・鉄骨コンクリート　3.土蔵
　　　　　　4.その他（詳しく、できれば写真も）
3. 街路様式
　・調査区間の長さ（地図で計測）
　・歩道と車道の分離・不分離（地図に表現）
　・道幅　　最大＿＿m　最小＿＿m　（歩幅で計測）
　・歩道幅　最大＿＿m　最小＿＿m　（歩幅で計測）
　・アーケードの有無
4. 商店への聞き取り
　・調査票に基づき、聞き取り調査を実施
　・各班で相談し、系統性を保ちながら対象とする商店を決定する

高山市の商業活動調査票-2

高山市の朝市（A・B班は陣屋前朝市　C・D班は宮川朝市）
1. 朝市の形態
　①朝市の出店位置を地図に表す（宮川朝市は地図上、陣屋前朝市はグラフ用紙上）
　②形態（a.パラソル　b.テント　c.何もなし　d.その他（具体的に））
　③性別（複数の場合はそれぞれ記録）
　④年齢（複数の場合はそれぞれ記録）
　⑤業種（a.野菜　b.漬物　c.花卉　d.山菜　e.果物　f.餅・味噌・米
　　　　g.民芸品　h.衣料品　i.菓子類　j.その他（具体的に））
　※宮川朝市については、常設店舗の開店状況と業種も地図に記録する
2. 出店者への聞き取り（野菜・果物・花卉・山菜販売者を中心に）
　①出店者の居住地（高山市内の場合は町名も　できるだけ詳しく）
　②出店時期（○月〜△月　通年）
　③6月の出店回数（毎日　○回）
　④出店年数（○年目　昭和・平成□年頃から　△代目）
　⑤仕入先（自家製　□市の○商店から　□市の△問屋から）
　⑥交代要員の有無（夫婦で　友人○人　なし）
　⑦各班で独自に

図 5.5.2　高山市の商業活動調査票

た地点では写真や動画の撮影，フィールドノートへの記載やボイスレコーダーへの録音を忘れずに行うようにしよう。

2　観光地の商業

1日目は，JR高山駅から市内観光拠点の一つである高山陣屋前を目指し観察する。JR高山駅は1934（昭和9）年の高山本線全通に伴い開設された。内陸ということもあり，太平洋側や日本海側都市の鉄道駅開設期に比較すると，その時期はかなり遅い。駅の開設を契機に，街中を日本海側へ流れる宮川の西側へと市街地拡大が進み，現在では国道41号線を越え，さらに西側地域へ都市化が進んでいる。一日の乗降客が約3,500人のJR高山駅前①には，バスセンターやタクシー乗り場やコミュニティバス停留所，さらにレンタカーの営業所などが隣接して立地する。こうした事実から，この地が飛騨地方の内と外を結び付ける交通結節点となっていることが理解できる。現地調査から土地利用図を作成すると，駅前には，ホテル，土産物店，飲食店といった観光客を対象とする施設が数多く立地していることがわかるが，これに加え，銀行や信用金庫も複数立地している事実にも注目したい。

駅前の道を北に進み「高山駅北」の交差点を右折し，国分通り②を東へ向かう。この国分通りは，宮川に架かる鍛冶橋を渡ると安川通り③と名称を変える。両者の通りを合計するとその距離は約1.1 kmに達する。鍛冶橋を挟んだ両側において高い店舗密度を示すのが，これらの通りの特徴でもある。「高山駅北」の交差点から東に歩き出すと，間もなくして左側に道幅の広い通りに古く立派な構えの旅館が残存している。旧版地形図でも確認できるが，ここはかつての花街（芸者屋などの集まった歓楽街）である。飛騨国分寺を過ぎて東へ向かうと飲食店や土産物店，工芸品店が立ち並び，観光客が多くなる。「鍛冶橋」交差点の四つ角には，飲食店が2軒と飛騨牛を販売する精肉店，そしてみたらし団子の屋台がそれぞれを占有し，高山市の食を象徴する景観となっている。足長・手長のオブジェが欄干に立つ鍛冶橋を渡ると，安川通りに入る。観光客を対象とする店舗の割合がさらに高まり，左側には大型の飛騨家具の店舗も立地する。さらに東へ進み，十六銀行のある交差点を右折すると，道幅の狭い上三之町④に入る。

この一帯は三町筋と呼ばれる地域である。16世紀後半，金森長近がこの地で城下町の経営を行った際，宮川から東側へ向かって町人地，武家地，寺院を配置した。町人地は東から一番町・二番町・三番町（現在の一之町・二之町・三之町）と，整然と道が切られ，当時の町並みが整備・保存されて現在に至っている。1979（昭和54）年に国の重要伝統的建造物保存地区として174棟の建物が指定され，高山市最大の観光資源となっている。

上三之町の道幅は3〜4 mと狭く（図5.5.3），当然車道・歩道の分離はない。木造建築のた

図 **5.5.3**　高山市上三之町での幅員の狭い道路（2011年6月，鈴木厚志撮影，口絵11参照）

め，軒先も4m前後の高さに揃えられている。統一感のある町屋群には，その圧倒的な景観から日本人だけでなく，多くの外国人も訪れるようになった。こうした国際色豊かな観光客を対象とする店舗や飲食店が近年一層増加し，この地の工芸品である一位一刀彫りや飛騨春慶塗，食文化を代表する飛騨牛や駄菓子や漬け物，そして飛騨そばといった多様な地元の食と味が扱われている（表5.5.1）。さらに，三町筋一帯には高山祭りで引き回す山車を格納する屋台蔵，あるいは医院や造り酒屋といった本来地元住民のためのものも多く存在し，そうした施設の一つ一つが重要な観光資源となっている事実にも注目したい。

伝統的な建物群を抜けて右折するとすぐに中橋，そして高山陣屋前⑤の広場に出る。この広場から南東に見える小高い山にかつて高山城本丸が置かれた。その後，1692（元禄5）年に高山は徳川幕府の天領となる。その拠点としての郡代や代官所を置いたのがこの場所であり，現在は高山陣屋跡として公開されている。1日目の巡検はこの施設を見学して終了する。この広場は，陣屋前朝市と呼ばれる大正時代からの朝市が立つ場所であることも記憶しておこう。

3　朝市と中心商店街

2日目は早起きをして巡検を行う。高山市には日本三大朝市（石川県輪島朝市，千葉県勝浦朝市）の一つといわれる宮川朝市⑥が宮

表 5.5.1　高山市中心部における通り別業種構成（図5.5.2の調査票1に基づく）

業種	国分寺通り	安川通り	上三之町	本町通り	計
1. 土産・工芸	8	18	26	15	67
2. 菓子・飲食店・喫茶	30	22	15	32	99
3. 洋品・雑貨・写真・楽器	3	5	1	15	24
4. 美術・骨董	0	4	2	5	11
5. 食料品・スーパー・コンビニ・薬局	6	4	8	20	38
6. 洋服・呉服・手芸	9	4	4	19	36
7. 履き物・靴	0	3	0	0	3
8. 時計・眼鏡・貴金属	2	2	0	4	8
9. 家具・電気器具・金物	3	7	0	8	18
10. 書籍・文具・玩具	0	4	0	7	11
11. パチンコ・カラオケ	0	0	0	1	1
12. 事務所	2	4	1	5	12
13. 金融・保険	2	1	0	3	6
14. 醸造所	0	0	5	0	5
15. 宿泊施設	2	1	2	4	9
16. その他	2	4	6	25	37
17. 閉鎖店舗	10	3	1	26	40
18. 駐車場	4	1	0	4	9
計	83	87	71	193	434
専門店率（1, 3, 4, 6, 8)	26.5	37.9	46.5	30.1	33.6
買回り品店率（3, 6, 7, 8, 9)	16.9	16.1	7.0	19.7	16.4
閉鎖店舗率（17）	12.0	3.4	1.4	13.5	9.2

［2011年6月の現地調査に基づき，筆者作成］

図 5.5.4 高山市宮川沿いで開催されている宮川朝市（2011年6月，鈴木厚志撮影）

川に沿って毎日立つ（図5.5.4）。市とは，臨時または定期的に生産者が集まり，相互に自己の生産物や家畜などを他の生活物質と交換を行ったことが起源とされる。その開催場所は交差点や広場，寺院や教会の前などで，これらを起源とし市場集落が形成された例も多い。宮川朝市と陣屋前朝市はいずれも午前中，通年で立つ。宮川朝市の起源は江戸時代の米市や桑市として住民のために発展したもので，1970年代頃から野菜・果物・花き類のほかに手造りの雑貨や工芸品も扱われ，観光化に伴う顧客の増加に対応した。そうした影響のためか，露天に向かい合って営業する常設店舗が増え，朝市の開催時間に合わせ軽食や土産物を販売するようすを観察できる。表5.5.2は，農作物を販売する宮川朝市出店者に対する聞き取り調査の結果である。出店者の多くは市街地近郊で農業を営む人々であり，長期間にわたりほぼ通年で出店していることがわかる。

市風(いちかぜ)にあたったら再び鍛冶橋に戻り，「鍛冶橋(かじばし)」交差点を左折して本町(ほんまち)通り⑦へと進む。通りは南側の1丁目から4丁目まで南北約750mの長さがあり，その中央に位置する2丁目と3丁目において高い店舗密度を示す。車道と歩道を分離して一方通行とする他，カラー舗装を施したこの通りには，3店舗の金融機関のほか，衣料品，時計・貴金属，楽器，写真といった買回り品店が立地している（表5.5.1を参照）。もちろん，観光客を対象とする店舗や飲食店も立地するが，おもに地元住民を対

表 5.5.2 宮川朝市販売者聞き取り結果（図5.2.2の調査票2に基づく）

番号	販売品	出店者住所	年齢	出店期間	6月の出店日数	仕入先	出店年数	交代要員	その他
1	果物（りんご・サクランボ・飛騨リンゴジュース）	高山市山口町	70代	通年	23日	自家製	50年目	息子夫婦	果樹園を経営。
2	漬け物（千枚漬け・赤かぶ・梅干し・蜂蜜）	高山市上切町	60代	通年	24日	自家製（梅干しは和歌山県・蜂蜜は友人から）	40年目	夫・息子	農園を経営。
3	木工品・伝統工芸品（一刀彫・寄せ木等）	高山市曙町	40代	通年	23日	市内	30年目	母	
4	野菜（豆類）	高山市下切町	70代	6月〜12月上旬	約1週間	自家製	30年目	夫	農家
5	野菜	高山市下林	70代	通年	ほぼ毎日	自家製	本人で2代目	なし	母の跡を継いだ。
6	野菜・花	高山市松本町	60代	通年	20日	自家製・近くの山から	3年目	なし	売ることが楽しい。
7	野菜・漬物	高山市江名子	60代	通年	ほぼ毎日	自家製	35年目	なし	生活が苦しく，当時の朝市は儲かった。

[2011年6月24日午前の現地調査に基づき，筆者作成]

> ● 買回り品・最寄り品
>
> 　買回り品とは，洋服・呉服・家具・貴金属などのように，購入に際し複数の商業地や店舗の同種・同質の商品を比較して購入するような商品をいう。購入頻度は相対的に低いが，購買行動は広域に及ぶ。これに対し最寄り品とは，青果物や飲食料品や日用品のように安価で，最寄りの店舗において相対的に高い頻度で購入するような商品をいう。

> ● 中心商店街
>
> 　商店街の中でも買回り品店率が高く，経済的・歓楽的性格を有する「通り」を中心商店街と呼んでいる。東日本では中心商店街の代名詞として「○○銀座」という名称をよく使用するが，中部地方内陸や日本海側では「本町」（ほんまち・ほんちょう），西日本では「○○市場」，京都やその周辺では「○○京極」といった呼称を使用することが多い。

象とした買回り率の比較的高い中心商店街としての店舗構成となっている（囲み記事）。その一方，これまでの通りの中ではもっとも高い閉鎖店舗率を示すという一面も見逃すことはできない。

　通りを南に進み「筏橋西（いかだばしにし）」の交差点を右折して広小路通りを西へ向かう。途中，高山郵便局，飛騨地域地場産業振興センター前を通り，駅に向かい歩いて行くと中層の鉄筋・鉄骨の建物が増え，小規模な宿泊施設の他，金融・保険業などの入居するテナントビルの立地を確認しながら昨日の出発地点 JR 高山駅に到着し，2日目の巡検を終了する。

4　今後の学修課題

　この巡検では，観光地としても著名な高山市中心部の商業活動を，商業地の位置，形態と業種構成，対象とする顧客をそれぞれ関連づけながら観察した。狭い地域内での商業活動ではあるが，通りごとの性格が明確であり，かつ飛騨地方の特色をそれぞれの店舗や販売する物品に確認することができた。こうした事実は，地元住民のみならず，国内外からの来訪者に対し日本の伝統的「ふるさと」として強くアピールしている。一方，図 5.5.1 からも確認できるように，高山本線西側の区画整理された道路や国道 41 号線のロードサイドでは，駐車場を備えた大型店が 1980 年代後半以降に多数立地し，全国どこにでもある均質な商業空間をこの街にも誕生させてきた。結果として，現在の高山市中心部と郊外部の商業活動の形態は大きく異なり，その違いは実に際立っている。こうした一つ一つの商業活動の由来と現状をていねいに観察し，都市に対する理解を深めてもらいたい。

［鈴木厚志］

参考文献

位野木寿一・沢田　清編著（1972）：『社会科における理論と実践シリーズ2　指導のための野外観察』中教出版。

高山市（2010）：『高山市中心市街地活性化基本計画』。

付録1：フィールドワークにおける危機管理マニュアル(教員用)(抜粋)

立正大学地球環境科学部地理学科

1．フィールドワーク実施時期
- 混雑期（夏休み期間，年末年始；混雑期の調査を目的とする場合を除く），天候状況を考慮する。
    - 夏季：熱中症，脱水症状，落雷，突風などへの対策
    - 冬季：凍傷（しもやけ・カイロによる低温やけど），凍結路面でのスリップ・滑落
    - 通年：交通事故に対する注意喚起，高波，天候の急変

3．法令遵守
- フィールドワーク中は，関係する法令を遵守することはもとより，疑いを招くような行為は厳に慎む。

5．フィールドワーク実施前の危険箇所の確認・禁止事項の確認・許可の取得
- 事前に危険な地点（自然条件，交通条件，治安）を確認する。
- 事前に禁止事項（立ち入り禁止，採取禁止，アンケート禁止，写真撮影禁止など）を確認する。許可が必要な場合は許可を取得する。許可証を携帯する。なお，公道上で行う聞き取り（アンケート）と土地利用調査については，許可は不要であるものの，特定地点での長時間の実施は避ける。
- 必要な場合は下見をする。

6．調査における身分の明示
- 必要に応じて，調査時には腕章をつけるか，所属機関名（立正大学地理学科）を記したネームカードを首から下げる。また，宿泊先や担当教員の連絡先を提示するなど身分を説明できるようにする。

7．災害等発生時の対策
- 地震，津波の際の避難場所を確認する。
- タブレットPC・スマホなどを用いて気象情報（河川の増水，雨雲・落雷レーダー）・災害情報（震源の確認，警報・注意報の確認）を入手する。

8．救急救命
- 教員AED講習会を受講する。
- 普通救命講習資格を取得する（心肺蘇生：人工呼吸・心臓マッサージ，止血法など）。
- 保険証コピーを持参するとともに，保険適用範囲・現地での必要書類を確認する。
- ヘルメット，帽子，タオル，遭難・ビバーク時の装備：食糧・飲料水・防寒具・雨具・通信手段などを分担して持参する。

9．フィールドワーク中のレンタカー（バイクを含む）の利用
- 原則として，徒歩と公共交通機関のみの利用とするが，やむを得ずレンタカーを利用する場合は，出発前の運行点検，ルート設定，スケジュール設定，保険加入，運転操作技術などに十分注意する。

付録2：さらなる学修のための参考文献

1.1節

松岡路秀・今井英文・山口幸男・横山　満・中牧　崇・西木敏夫・寺尾隆雄編（2012）：『巡検学習・フィールドワーク学習の理論と実践——地理教育におけるワンポイント巡検のすすめ』古今書院。

村山祐司編（2003）：『シリーズ人文地理学2　地域研究』朝倉書店。

1.2節

日本地図センター編（2013）：『地図と測量のQ&A』日本地図センター。

立正大学地理学教室編（2010）：『学びの旅——地域の見方・とらえ方・楽しみ方』古今書院。

1.3節

桜井明久（1999）：『地理教育学入門』古今書院。

2.1節

太田陽子・小池一之・鎮西清高・野上道男・町田　洋・松田時彦（2010）：『日本列島の地形学』東京大学出版会。

中村和郎・小池一之・武内和彦編（1994）：『日本の自然地域編3　関東』岩波書店。

松田磐余（2013）：『対話で学ぶ江戸東京・横浜の地形』之潮。

2.2節

新井　正・新藤静夫・市川　新・吉越昭久（1987）：『都市環境学シリーズ2　都市の水文環境』共立出版。

新井　正（1994）：『水環境調査の基礎』古今書院。

市川正巳編（1990）：『総観地理学講座8　水文学』朝倉書店。

貝塚爽平（1992）：『自然景観の読み方5　平野と海岸を読む』岩波書店。

髙村弘毅（2009）：『東京湧水せせらぎ散歩』丸善。

東京都地学のガイド編集委員会編（1980）：『東京都　地学のガイド』コロナ社。

日本地誌研究所編（1989）：『地理学事典　改訂版』二宮書店。

2.3節

菊池多賀夫（2001）：『地形植生誌』東京大学出版会。

福嶋　司編（2005）：『植生管理学』朝倉書店。

森本幸裕（2012）：『景観の生態史観——攪乱が再生する豊かな大地』WAKUWAKUときめきサイエンスシリーズ2，京都通信社。

3.1節

宇井忠英編（1997）：『火山噴火と災害』東京大学出版会。

産業技術総合研究所地質調査総合センター編（2004）：『産総研シリーズ　火山——噴火に挑む』丸善。

高橋正樹・安井真也（2013）：浅間前掛火山のプロキシマル火山地質学及び巡検案内書：浅間前掛火山黒豆河原周辺の歴史時代噴出物。火山，58，311-328。

町田　洋・白尾元理（1998）：『写真でみる火山の自然史』東京大学出版会。

3.2節

日本科学者会議編（2013）：『南海トラフの巨大地震にどう備えるか』日本科学者会議ブックレット3，本の泉社。

古澤拓郎・大西健夫・近藤康久編著（2011）：『フィールドワーカーのためのGPS・GIS入門——フィールドにGPSを持っていこう：GISで地図を作ろう』古今書院。

4.1 節
日下部高明・菊地　卓（1997）：『新編　足利浪漫紀行』随想舎。
日下部高明・菊地　卓（2006）：『新訂　足利浪漫紀行』随想舎。
奈良文化財研究所編（2010）：『遺跡整備・活用研究集会報告書』奈良文化財研究所。
土生田純之（2009）：『文化遺産と現代』同成社。

4.2 節
松山　薫（1998）：埼玉県における初期の戦後開拓（1945-1955 年）と旧軍用地。お茶の水地理, 39, 30-41。

4.3 節
石川義孝・井上　孝・田原裕子編（2011）：『地域と人口からみる日本の姿』古今書院。
稲垣　稜（2011）：『郊外世代と大都市圏』ナカニシヤ出版。
井上　孝・渡辺真知子編著（2014）：『首都圏の高齢化』原書房。
玉野和志・浅川達人編（2009）：『東京大都市圏の空間形成とコミュニティ』古今書院。

4.4 節
神戸外国人居留地研究会編（2011）：『居留地の窓から――近代神戸の歴史探究』神戸新聞総合出版センター。
田井玲子（2013）：『外国人居留地と神戸――神戸開港150年によせて』神戸新聞総合出版センター。
藤岡ひろ子（1983）：『神戸の中心市街地』大明堂。
南埜　猛・澤　宗則（2005）：在日インド人社会の変遷――定住地神戸を事例として。兵庫地理, 50, 4-15。
山下清海（2000）：『チャイナタウン――世界に広がる華人ネットワーク』丸善。
山下清海編（2005）：『華人社会がわかる本――中国から世界へ広がるネットワークの歴史、社会、文化』明石書店。

5.1 節
片柳　勉・小松陽介編著（2013）：『地域資源とまちづくり・地域づくり――地理学の視点から』古今書院。

5.2 節
小長谷一之・福山直寿・五嶋俊彦・本松豊太（2012）：『地域活性化戦略』晃洋書房。
竹内淳彦・小田宏信編著（2014）：『日本経済地理読本　第9版』東洋経済新報社。
山下祐介（2012）：『限界集落の真実――過疎の村は消えるか？』筑摩書房。

5.3 節
小長谷一之（2005）：『都市経済再生のまちづくり』古今書院。
富樫幸一・合田昭二・白樫　久・山崎仁朗（2007）：『人口減少時代の地方都市再生――岐阜市にみるサステナブルなまちづくり』古今書院。

5.4 節
青木栄一編（2006）：『日本の地方民鉄と地域社会』古今書院。
青木栄一（2008）：『交通地理学の方法と展開』古今書院。
三木理史（2004）：『近・現代交通史調査ハンドブック』古今書院。

5.5 節
奥野隆史・高橋重雄・根田克彦（1999）：『商業地理学入門』東洋書林。
根田克彦（1999）：『都市小売業の空間分析』大明堂。
尾留川正平・市川正巳・吉野正敏・山本正三・正井泰夫・奥野隆史編（1972）：『現代地理調査法3　人文地理調査法』朝倉書店。

あとがき

　本書は地理学における「巡検」「エクスカーション」の重要性を改めて確認し，地域を学ぶ学問である地理学の教育の場で，どのようなエクスカーションが行われているかを実際に紹介するものである。第2章から第5章までの14の節では，それぞれの筆者が専門とする分野に基づくテーマから14通りのエクスカーションが提示されている。これらの多くは，実際に大学における授業において，実践された地理エクスカーションの実例であり，設定されたテーマに沿って，練り上げられたプランによって，参加者の理解を高められるような工夫が随所に盛り込まれたものである。

　そうした工夫は，舞台とする地域の精緻な研究によって得られたものである。各節のテーマは，地形，水環境，植生，火山といった自然的なテーマから，歴史，土地利用，人口，文化，まちづくり，都市，交通，商業などの人文的なテーマ，両者が複合した防災など多岐にわたっているが，いずれも地理学の重要な研究テーマである。そして，地域で生じている事象を「自然」「人文」という類型にとらわれず，ありのままに読み取っていこうとする筆者の姿勢が各節から感じ取れたのではないのだろうか。地域に基づき，事象を捉えようとする研究姿勢が，地理学の醍醐味であり，地域を出発点とする学問としての地理学の神髄なのではないかと思う。

　それは，本書で新たに提起した地理（学）教育の着眼点である「地域立脚型学習」にもつながる。現在，中等および高等教育においては「問題解決型学習」（PBL，Problem-Based Learning）の有用性が認識され始めている。学習者が自ら問題を発見し，解決を模索しようとする中で，様々な知識や経験を得る事を目的とする学習方法のことであるが，地理学者は，その研究過程において地域に散在している諸情報から問題を発見し，その構造を解明し体系化するということをすでに行ってきたのである。この過程を整理し，明示する事により，問題解決型学習と類似の方向性を持った地域立脚型学習（ABL，Area-Based Learning）として，提案しようというのが，編者の狙いでもあった。このため，各節では，エクスカーションに参加する事で理解が深まることを期待するポイントを明示し，エクスカーション前の事前準備としてのテーマ設定や資料収集と，事後の学修課題の提起を執筆していただいた。各節の執筆者の原稿を読むと，地域立脚型学習の理解は編者の考えていたものと同様であり，これらの項目について，ほとんど修正を促す必要もなかったのである。それだけ，地域立脚型学習は，地理学を専門とする研究者・教育者にとっては，自明の事柄であり，各執筆者の所属する大学において，これまでの地理（学）教育活動の中で，自然と行われている営みであったということに安心した。

　一方，問題解決型学習の重要性が様々な場面で強調されるようになった教育領域において，実は先進的に行われていた地理エクスカーションを中心とする地域立脚型学習が注目を浴びて

いなかった理由は何だろうと考えた際に，社会に対する地理学の発進力の小ささを改めて感じた。そして，現代社会における地理（学）教育の重要性をさらにアピールしていかなければならないということを改めて感じたところでもあった。

　このように本書の各執筆者は研究者であり，かつ教育者として地理学の発展に尽くされている方々である。日々，研究活動あるいは教育活動に邁進される中，貴重な時間を本書の執筆に割いて頂いた事に，編者として感謝申し上げたい。

　最後に，本書の企画・出版を快く引き受け，我々の意図と熱意をくみ取りながら多くの適切なアドバイスをして下さり，煩わしい編集作業を担当して下さった朝倉書店編集部に厚くお礼申し上げます。

鈴 木 重 雄

索 引

欧 文

ABL　3, 5
CBD　85
GIS　5, 46, 60
GPS　42, 46
Iターン　81
PBL　3

あ 行

空店舗　73
朝市　98
足利織物　51
足利学校　48
足利市　47, 48
足利尊氏　48

市場集落　99
入会地　57
彩（いろどり）　79
インターン　81

絵看板　74
エクスカーション　1
沿線地域　90
掩体壕　56

か 行

買回り品　100
河岸段丘　24
学習指導要領　11
火砕流堆積物　38
火山　35
火山麓扇状地　36
仮説　13
過疎高齢化　78
樺崎八幡宮　50
上勝町　77
川越市　17
川越城　20
観光化　99
観光開発　86, 89, 90
観光資源　98
観光振興　76
観光地　46, 97

観光まちづくり　72, 76
観察力　12
甘藷　56
岩屑なだれ　37

危機管理マニュアル　8
聞き取り　1, 72
機能地域　2, 11
岐阜市　12
旧河道　26
丘陵地　31
教育目的　10
境界地域　15
均質地域　2

櫛引台地　58
国指定重要文化財　74
熊谷市　71
桑畑　32

景観　60, 74
結晶片岩　92
結節地域　11
限界自治体　78
現地調査　2

広域中心都市　84
郊外住宅地域　63
郊外性　15
後継者育成　81
耕作放棄地　33
交通　89
交通開発　85
高等学校の地理学習　10
光得寺　50
神戸市　65
高齢化　63
高齢者　78
小金井市　23
谷頭侵食　26
国分寺崖線　25
国分寺市　23
国宝建築物　72
古都　51
個別性　15

さ 行

災害リスク　18, 21
埼玉県営業便覧　54
斎藤別当実盛　74
在留外国人　65
サツマイモ　56
産業遺産　51
三富新田　57
三面張り護岸　25

ジェネラルサーベイ　10
市街化調整区域　24
史跡整備　51
地元商工会　76
シャッター街　73
住民運動　25
重要伝統的建造物保存地区　97
宿場町　74
巡検　1
商業活動　96
植生　30
植生遷移　31
植物多様性　34
新華僑　69
人口　66, 78
人口流入　61
新田開発　54
陣屋前朝市　98
森林　30

水質調査　25
水田遺構　50
スケール　8

世界遺産　52
絶滅危惧種　33
ゼロ・ウェイスト宣言　80
扇状地　13

袖うだつ　12, 13

た 行

台地　54
大都市郊外　62

索　引

高山市　96
高山祭り　98
田中啓爾　9
多文化共生　65
ため池　33
段丘崖　20

地域観察　14
地域人口　60
地域性　10
地域調査　2, 15
地域的課題　15, 73, 73
地域の活性化　76, 83
地域立脚型学習（ABL）　1, 3, 5
地形図　5, 6
地図　2
　——の活用　15
知多半島　42
地方中核都市　84
地方民鉄　90
チャイナタウン　69
中華街　69
中心業務地区（CBD）　85
中心市街地　73
中心市街地活性化法　83
中心市街地空洞化　72
中心商店街　98, 100
中世文化　47
地理エクスカーション　1
地理学習　15
　高等学校の——　10
地理学の基礎体系　11
地理教育　9
地理的な見方・考え方　11

津波　42

天明噴火　36

統一地域　11
等高線　6
等質地域　11
所沢織物　55
所沢市　53, 54
所沢陸軍飛行場　55
都市開発　83
都市の活性化　83
土地利用　60
利根川　73

な　行

内陸都市　96

長瀞町　89
南海トラフ巨大地震　42

日本三大朝市　98

は　行

廃棄物　80
阪神・淡路大震災　66
ハンドレベル　24
鑁阿寺　48
東日本大震災　18, 21
比企丘陵　30
避難　41

フィールド　1
フィールドノート　6
フィールドワーク　1
風致保存　92
福岡市　83
復元保存　50
プロジェクト型学習　3

防災　41, 46
防災マップ　43
方法論的教育　10
圃場整備　34

ま　行

秣場　57
まちづくり　78, 82

ミカン　78
宮川朝市　99
ミヤコタナゴ　34

武蔵野台地　18

妻沼　71
妻沼聖天　72

最寄り品　100
門前町　74
問題発見解決型学習（PBL）　3

や　行

野外調査　2

湧水　20, 24, 25

溶岩ドーム　37
溶岩流　37
養蚕　32
横浜市　59
4W1H　11

ら　行

リサイクル　80
両宜塾　75
臨海工業地域　61

歴史的な遺産　48

ロープウェイ　91
路地　75
路線変更　93
露頭　37

編集者略歴

伊_い藤_{とう}徹_{てつ}哉_や

1971年　宮城県に生まれる
2002年　筑波大学大学院地球科学研究科
　　　　博士課程修了
現　在　立正大学地球環境科学部地理学科・教授
　　　　博士（理学）
主な業績　『世界地誌シリーズ3　EU』（分担執筆）朝倉書店

鈴_{すず}木_き重_{しげ}雄_お

1980年　神奈川県に生まれる
2008年　広島大学大学院国際協力研究科
　　　　博士後期課程修了
現　在　駒澤大学文学部地理学科・准教授
　　　　博士（学術）
主な業績　*Landscape Ecology in Asian Cultures*（分担執筆）Springer

〈地理を学ぼう〉
地理エクスカーション　　　　　　　定価はカバーに表示

2015年5月15日　初版第1刷
2018年6月25日　　　第3刷

編集　伊　藤　徹　哉
　　　鈴　木　重　雄
　　　立正大学地理学教室
発行者　朝　倉　誠　造
発行所　株式会社　朝　倉　書　店
　　　東京都新宿区新小川町 6-29
　　　郵便番号　162-8707
　　　電　話　03（3260）0141
　　　FAX　03（3260）0180
　　　http://www.asakura.co.jp

〈検印省略〉

Ⓒ 2015〈無断複写・転載を禁ず〉　　シナノ印刷・渡辺製本

ISBN 978-4-254-16354-4　C 3025　　Printed in Japan

JCOPY　〈(社)出版者著作権管理機構　委託出版物〉

本書の無断複写は著作権法上での例外を除き禁じられています．複写される場合は，そのつど事前に，(社)出版者著作権管理機構（電話 03-3513-6969, FAX 03-3513-6979, e-mail: info@jcopy.or.jp）の許諾を得てください．

好評の事典・辞典・ハンドブック

火山の事典（第2版） 下鶴大輔ほか 編 B5判 592頁

津波の事典 首藤伸夫ほか 編 A5判 368頁

気象ハンドブック（第3版） 新田 尚ほか 編 B5判 1032頁

恐竜イラスト百科事典 小畠郁生 監訳 A4判 260頁

古生物学事典（第2版） 日本古生物学会 編 B5判 584頁

地理情報技術ハンドブック 高阪宏行 著 A5判 512頁

地理情報科学事典 地理情報システム学会 編 A5判 548頁

微生物の事典 渡邉 信ほか 編 B5判 752頁

植物の百科事典 石井龍一ほか 編 B5判 560頁

生物の事典 石原勝敏ほか 編 B5判 560頁

環境緑化の事典 日本緑化工学会 編 B5判 496頁

環境化学の事典 指宿堯嗣ほか 編 A5判 468頁

野生動物保護の事典 野生生物保護学会 編 B5判 792頁

昆虫学大事典 三橋 淳 編 B5判 1220頁

植物栄養・肥料の事典 植物栄養・肥料の事典編集委員会 編 A5判 720頁

農芸化学の事典 鈴木昭憲ほか 編 B5判 904頁

木の大百科［解説編］・［写真編］ 平井信二 著 B5判 1208頁

果実の事典 杉浦 明ほか 編 A5判 636頁

きのこハンドブック 衣川堅二郎ほか 編 A5判 472頁

森林の百科 鈴木和夫ほか 編 A5判 756頁

水産大百科事典 水産総合研究センター 編 B5判 808頁

価格・概要等は小社ホームページをご覧ください．